Facetten der Liebe
Ovid, Amores und Heroides

bearbeitet von
Janine Andrae und Raphael Dammer

C. C. BUCHNER VERLAG • BAMBERG

Lektüreklassiker fürs Abitur

Herausgegeben von Michael Lobe

Heft 6: Facetten der Liebe. Ovid Amores und Heroides
wurde bearbeitet von Janine Andrae und Raphael Dammer

1. Auflage, 1. Druck 2015
Alle Drucke dieser Auflage sind, weil unverändert, nebeneinander benutzbar.

Dieses Werk folgt der reformierten Rechtschreibung und Zeichensetzung. Ausnahmen bilden Texte, bei denen künstlerische, philologische oder lizenzrechtliche Gründe einer Änderung entgegenstehen.

Redaktion: Barbara Szlagor
Layout und Satz: ideen.manufaktur, Dortmund
Druck und Bindung: Friedrich Pustet GmbH & Co. KG, Regensburg

www.ccbuchner.de

ISBN 978-3-661-**53056**-7

Inhaltsverzeichnis

Liebe – Sex – Erniedrigung – Eifersucht: In diese Welt der antiken Elegie und Ovids (teilweise verspielten) Umgang mit ihr führt diese Ausgabe ein. Noch immer erstaunt moderne Leser die ungebrochene Zeitlosigkeit ovidischer Verse. Und noch immer ist die Beurteilung des Autors umstritten: War er ein feiner Kenner der menschlichen, insbesondere der weiblichen Psyche, ein Frauenhasser und Macho oder einfach nur ein geistreicher, aber harmloser Spötter, der nichts ernst, sondern alles und jeden „auf die Schippe" nahm?

Ovids Leben ist untrennbar verbunden mit dem eines anderen berühmten Römers. Als er am 20.3.43 v. Chr. in Sulmo, einem kleinen Ort in den Abruzzen, östlich von Rom, als Sohn eines römischen Ritters geboren wurde, befand sich das römische Imperium mitten in den heftigen Bürgerkriegen nach der Ermordung Cäsars. Als Sieger daraus ging Cäsars Adoptivsohn Octavian hervor, der unter dem Titel Augustus (ab 27 v. Chr.) der erste römische Kaiser wurde. Und so wie Augustus zum unumschränkten Herrscher des römischen Imperiums aufstieg, stieg Ovid zur unbestrittenen Nr. 1 unter den römischen Dichtern auf – bis er aus unklaren Gründen bei Augustus in Ungnade fiel und im Jahre 8 n. Chr. aus Rom verbannt wurde. Hatte er am kaiserlichen Hof Dinge gesehen oder gehört, von denen er besser nichts gewusst hätte? Hatte er in einem seiner Werke etwas geschrieben, was politisch nicht „korrekt" war, nicht der kaiserlichen Ideologie entsprach? Wie dem auch sei – jedenfalls landete er in Tomi am Schwarzen Meer, am äußersten Rand des römischen Reiches, und dort verlebte er fernab seiner Familie und seines literarischen Publikums seine letzten Lebensjahre; auch der Tod des Augustus im Jahre 14 brachte ihm nicht die ersehnte Rückkehr in die Heimat. Es wurde still um ihn, so still, dass man nicht mehr weiß, wann er starb; etwa seit dem Jahre 18 gibt es keinerlei Lebenszeichen mehr von ihm.

Zur Benutzung dieser Ausgabe

Um Ihnen den Zugang zu der Lektüre zu erleichtern, sind den lateinischen Texten deutsche Hinführungen, vertiefende Sachinformationen (i), sowie Bildmaterial beigegeben. An geeigneten Stellen finden sich Quellentexte (M) zur vertiefenden Interpretation.

Die den Texten vorangestellten Aufgaben sollen zur Vorentlastung beitragen: Unter W wird das Vokabular vorbereitet, oft in Form von Wort- und Sachfeldanalysen, unter G werden die grammatikalischen „Stolpersteine" des jeweiligen Textes wiederholt, und unter T werden Aufgaben zur Textvorerschließung angeboten. Methodische Anleitungen zur Texterschließung liefern hierzu praktische Hilfestellungen.

Im Ad-lineam-Kommentar werden schwierigere Vokabeln angegeben und Konstruktionshilfen geboten. Der autorenspezifische Lernwortschatz (LW) findet sich im Anhang.

Die Erschließungsfragen sowie die Sachinformationen sind den Kompetenzbereichen Text ◇, Sprache ◇ und Kultur ◇ zugeordnet. Zentrale antike Eigennamen sind im Eigennamenverzeichnis unter ihrer lateinischen Form zu finden.

Die römische Liebeselegie

Mit der Liebeselegie fand eine neue Gattung Eingang in die römische Literatur. Wie in so vielem, ließen sich die lateinischen Autoren auch hier von ihren griechischen Vorgängern inspirieren; doch während die griechischen Elegiker noch in der dritten Person von der (mythologischen) Liebe anderer erzählt hatten, schilderte bei den Römern erstmalig ein elegisches Ich seine ganz persönlichen Erfahrungen.

Ob nun Gallus oder Catull diesen Wechsel von der objektiv-erotischen zur subjektiv-erotischen Elegie initiiert hat, ist umstritten. In ihrer klassischen Erscheinungsform jedenfalls findet sie sich bei den Dichtern Properz (ca. 50–15 v. Chr.) und Tibull (ca. 50–18/17 v. Chr.), deren Elegien um 25 v. Chr. erschienen. Bei beiden ist das lyrische Ich ein junger Mann, der zwar dem Ritterstand angehört, aber in bescheidenen Verhältnissen lebt und in eine Freigelassene mit griechischem Namen (Cynthia bzw. Delia oder Nemesis) verliebt ist. Mit seinen elegischen Versen versucht der Sprecher nun, um das schöne Mädchen zu werben, das sich allerdings mehr für materielle Dinge zu interessieren scheint, dem Liebenden nicht immer ganz treu ist und ihn manchmal auch nicht in ihr Zimmer lässt.

Charakteristisch für die elegische Liebe ist daher zunächst einmal das Leiden des lyrischen Ichs an einer unglücklichen Liebe.

Daraus ergibt sich allerdings zugleich ein weiteres Merkmal, durch das die römische Elegie über rein individuelle Schicksale hinausweist. Indem nämlich das elegische Ich sein Dasein ausschließlich auf die Liebe ausrichtet, erteilt es einer Lebensform eine Absage, die den traditionellen römischen Wertvorstellungen verpflichtet war wie dem Streben nach politischer Karriere oder militärischen Erfolgen. Dieses alternative Lebenskonzept der Elegie, das Konzept eines Rückzugs ins Private, erklärt sich zunächst mit der Kriegsmüdigkeit der jungen Dichtergeneration infolge der langwährenden Bürgerkriege und später dann auch mit den geänderten politischen Verhältnissen gegen Ende des 1. Jh. v. Chr.; in dieser Zeit nämlich vollzog sich der Wandel von der Republik zur Monarchie. Die damit verbundene politische Entmachtung des Adels ließ vielen einen Einsatz für den Staat überflüssig erscheinen. Die Elegien von Tibull und Properz lassen sich so als Ausdruck einer alternativen Protesthaltung interpretieren.

Tonstempel mit der Darstellung eines Liebespaares (1. Jh. v. Chr.)

Als jedoch ein Jahrzehnt später (im Jahre 15 v. Chr.) Ovid seine Elegien publizierte, hatte sich die neue Staatsform längst etabliert, und die Nobilität gewann dem Prinzipat mittlerweile auch die positiven Seiten des Friedens und des Wohlstands ab. Die Voraussetzungen, unter denen Ovid schrieb, waren somit ganz andere als bei Tibull und Properz, und so erklärt es sich, dass Ovid die elegischen Motive seiner Vorgänger nicht ernsthaft aufgreift, sondern vielmehr (als *tenerorum lusor amorum*, Verfasser verspielter Liebesgedichte, wie er sich selbst bezeichnet) ein humorvolles Spiel mit ihnen treibt.

Amores

Etwa im Jahre 20 v. Chr. veröffentlichte Ovid eine fünf Bücher umfassende Sammlung von Elegien; er gab ihnen den schlichten Titel *Amores* („Liebesgedichte"). Diese Gedichte hatten ebenso großen Erfolg wie seine folgenden Werke (darunter die *Ars amatoria*, das „Lehrbuch der Liebe"), sodass Ovid sich später rühmen konnte, so weit gelesen zu werden, wie das römische Imperium reichte. Etwa zwanzig Jahre nach dem Erscheinen der ersten Fassung wurden die *Amores* von Ovid überarbeitet und auf drei Bücher gekürzt; was wir heute noch kennen, ist nur diese zweite, kürzere Fassung.

Heroidenbriefe

Das Korpus der *Epistulae heroidum* (*Heroides*) umfasst insgesamt 21 fingierte Briefe in Gedichtform (wie die *Amores* in elegischen Distichen). Der Inhalt orientiert sich fast immer am selben Grundmuster, das jedoch auf vielfältig-intelligente Weise variiert wird: Eine unglücklich verliebte Heroine des Mythos schreibt einen Brief, um wieder an ihren Geliebten bzw. Gatten heranzukommen. Der den Mythos kennende Leser allerdings weiß, dass dies nicht passieren wird, was häufig eine gewisse Tragik oder Ironie bewirkt. In drei Fällen sind diese Frauenbriefe Antworten auf vorangegangene Briefe eines Mannes; diese drei Briefpaare sind jedoch später entstanden als die 15 Einzelbriefe, die in ihrer Anordnung eine durchdachte Struktur erkennen lassen: Im Zentrum (an siebter Stelle) steht der Dido-Brief – der einzige Brief, der einen genuin rö-

mischen Stoff zum Inhalt hat – und am Beginn und am Ende stehen mit den Briefen von Penelope an Odysseus (erster Brief) und von Sappho an Phaon (fünfzehnter Brief) klare Bezüge zu den Archegeten, den Begründern der für die römische Elegie wesentlichen griechischen Literaturgattungen; denn mit Homers Epen *Ilias* und *Odyssee* beginnt die griechische Literatur schlechthin und mit Sappho insbesondere die weibliche Liebesdichtung.

Konstitutive Elemente des elegischen Systems

In der Antike legte ein Dichter durch die Wahl eines bestimmten Metrums zugleich fest, in welche Gattung sein Text gehörte. Während der Hexameter das Versmaß für die epische Großdichtung war, forderte das elegische Distichon (→ S. 48) (Liebes-)Gedichte geringeren Umfangs. Die Wahl des Metrums schloss damit immer auch bestimmte Grundmuster, Motive und Themen ein. Im Falle der römischen Liebeselegie sind das:

1. Liebe als Dauerzustand (*foedus aeternum*)

Der Liebende schwört seinem Mädchen – analog zur Institution der Ehe – ewige Treue. Während jedoch die römische Ehe eine reine Zweckgemeinschaft war, die lediglich zur Fortpflanzung und aus machtpolitischem oder finanziellem Interesse geschlossen wurde, setzte das elegische Dauerverhältnis auf eine Partnerschaft, in der Erotik und geistige Verbundenheit eine wichtige Rolle spielten.

2. Liebe als Sklavendienst (*servitium amoris*)

Der Liebende ordnet sich wie ein Sklave einer Frau unter, die eigentlich sozial niedriger steht und in der Regel dem Stand der Freigelassenen angehört. Er redet sie als *domina* an und unterwirft sich ihren Launen. Eine für die Elegie typische Situation spiegelt sich im sog. Paraklausithyron: dem Klagegesang des ausgeschlossenen Liebhabers (*exclusus amator*) vor der verschlossenen Tür der hartherzigen Geliebten (*dura puella*). (Das erklärt auch den Begriff Elegie, denn er leitet sich ab vom griechischen „e' legein" [„...o weh' sagen"].)

3. Liebe als **alternative Lebensform**

Der Elegiker zieht sich in den Individualbereich der Liebe zurück und unterzieht sich dort Strapazen, die sonst nur bei jenen Tätigkeiten gefordert werden, die auf gesellschaftliches Ansehen ausgerichtet sind (wie die des Soldaten oder des Staatsmannes). Ein in diesem Zusammenhang konstitutives Motiv ist die sog. *militia amoris*: Der Sprecher macht deutlich, dass es in der Liebe auf dieselben Tugenden wie im Krieg ankommt (z. B. *constantia* oder *patientia*), ja dass sich diese Tugenden im erotischen Bereich sogar noch viel schwieriger verwirklichen lassen als im Krieg.

Aus alledem ergeben sich bestimmte konstitutive Elemente der römischen Liebeselegie:

- das Metrum des elegischen Distichons (→ S. 48)
- der Werbe- und der Klage-Gestus
- die Subjektivität des Dargestellten
- der Recusatio-Topos (→ S. 9)
- der Rückgriff auf mythologische *exempla* (→ S. 13)

Besonderheiten der Dichtersprache

Wie in der Dichtung üblich, finden sich bei Ovid folgende sprachliche Besonderheiten.

- Personalendungen
  - *-ēre* statt *-ērunt* als Personalendung der 3. Pl. Perfekt Aktiv, z. B. *petiere* statt *petierunt* (T 4, V. 5)
  - 2. Sg. Pass. auf *-re* statt *-ris*, z. B. *patiare* statt *patiaris* (T 14, V. 7)
- Kasusendungen
  - Akk. Pl. der 3. Dekl. auf *-īs* statt auf *-ēs*
  - Gen. Pl. auf *-um* statt auf *-orum*
  - dichterischer Plural, z. B. *colla* statt *collum* (T 5, V. 8)
  - griech. Akkusativ, z. B. *Hectora* statt *Hectorem* (T 18, V. 21)
- Ausfall des *-v-* beim v-Perfekt: *audierit* statt *audiverit* (T 3, V. 4)
- Wegfall der Konjunktion *ut* nach *oportet* und *licet*, z. B. *tua dicar oportet* (T 13, V. 21)

1 Dichterweihe: Epos vs. Elegie

In der Antike äußerte sich der Dichter zu Beginn häufig programmatisch zu Inhalt, Gattungswahl und Schreibanlass des eigenen Werkes. So geschieht es auch hier (*Am.* 1,1,1-6; 13-30).

W Stellen Sie alle Vokabeln zusammen, die sich auf das Sachfeld „Dichtung" beziehen. Recherchieren Sie dazu auch die im Text vorkommenden Eigennamen.

G *dicitur* + NcI • **Dativus possessivus**
Übersetzen Sie: *Cupido risisse dicitur.* (= engl. *Cupido is said to have laughed.*)
Nobis est pecunia. Tibi sunt magna regna.

T Informieren Sie sich über den Aufbau des Hexameters und des elegischen Distichons (→ S. 48) und die vom Metrum vorgegebene inhaltliche Ausrichtung eines Werkes.

1 Arma gravi numero violentaque bella parabam
    edere materia conveniente modis.
Par erat inferior versus – risisse Cupido
    dicitur atque unum surripuisse pedem.
5 „Quis tibi, saeve puer, dedit hoc in carmina iuris?
    Pieridum vates, non tua turba sumus. (…)
Sunt tibi magna, puer, nimiumque potentia regna –
    cur opus adfectas, ambitiose, novum?
An, quod ubique, tuum est? Tua sunt Heliconia Tempe?
10   Vix etiam Phoebo iam lyra tuta sua est?
Cum bene surrexit versu nova pagina primo,
    attenuat nervos proximus ille meos;
nec mihi materia est numeris levioribus apta:
    aut puer aut longas compta puella comas."
15 Questus eram, pharetra cum protinus ille soluta
    legit in exitium spicula facta meum
lunavitque genu sinuosum fortiter arcum
    „quod"que „canas, vates, accipe", dixit, „opus!"
Me miserum! Certas habuit puer ille sagittas.
20   Uror, et in vacuo pectore regnat Amor.
Sex mihi surgat opus numeris, in quinque residat!
    Ferrea cum vestris bella valete modis!
Cingere litorea flaventia tempora myrto,
    Musa per undenos emodulanda pedes!

edere: erzählen
pār *hier:* gleichlang

surripere (-ripuī): stehlen
hoc iūris: dieses (Zugriffs-)Recht
turba *hier:* Gefolge

affectāre: begehren
ubīque: überall – **Helicōnia Tempē** n Pl.: Tal am Helikon

attenuāre: schwächen – **nervus:** Kraft – **proximus (versus):** der nächste (Vers)
longās cōmpta comās: mit wallenden Haaren – **pharetra:** Köcher – **legere** *hier:* auswählen
exitium: Verderben – **spīculum:** Pfeil
lūnāre *hier:* spannen – **genū, ūs** n: Knie – **sinuōsus:** gekrümmt

certus *hier:* treffsicher

in quinque resīdere: mit fünf Versfüßen zur Ruhe kommen
cingere = cingeris – **lītoreus:** vom Strand – **flāvēns, ntis:** golden
Mūsa per ūndēnōs ēmodulanda pedēs: Muse, die du in elf Versfüßen gefeiert werden musst

◈◈ 1. Analysieren Sie die Vorwürfe, die Cupido gemacht werden, und stellen Sie Formulierungen zusammen, die der Elegie – gemäß der Grundbedeutung dieses Begriffs (→ S. 6) – einen Klagegestus verleihen.

◈◈ 2. Charakterisieren Sie Cupido und nehmen Sie dazu Stellung, inwiefern die Abbildung Cupidos zum Text passt.

◈◈ 3. Informieren Sie sich über das Motiv der *recusatio* (→ i) und belegen Sie es am Text. Erörtern Sie in diesem Zusammenhang auch die Funktion der Anspielung auf den Anfang von Vergils *Aeneis*.

◈◈ 4. Vergleichen Sie Ovids erstes Gedicht mit dem Programmgedicht seines elegischen Vorgängers Properz (→ M) im Hinblick auf die Motivation, Liebeselegien zu schreiben.

◈◈ 5. Stellen Sie abschließend dar, welche Rückschlüsse die Eingangselegie insgesamt auf den Charakter der ovidischen Elegiensammlung und ihren Verfasser zulässt.

---

i Typisch Liebeselegie (I): Recusatio („Ablehnung" / „Abwehr")

Seit dem Hellenismus lehnten viele Dichter das Epos als literarische Form ab. Zum einen war es ihnen schlicht zu lang; sie bevorzugten kunstvoll ausgefeilte Gedichte geringeren Umfangs. Weiterhin sagte ihnen der Inhalt nicht zu, der seit der *Ilias* für das Epos konstitutiv war: die Darstellung von Kriegen und Heldentaten (vgl. den Beginn von Vergils *Aeneis*, dem römischen Nationalepos: *arma virumque cano*). Bei ihrer Ablehnung spielten die Dichter oft auf eine Szene an, die ihr Vorbild, der hellenistische Dichter Kallimachos von Cyrene, geschildert hat: Der Dichtergott Apoll höchstselbst sei ihm erschienen und habe ihm davon abgeraten, ein Epos zu verfassen. Diesen Topos nutzten insbesondere augusteische Dichter, um die Abfassung eines Epos auf den Kaiser abzulehnen.

M Im Bann der Cynthia

Cynthia war die erste, die mich (allein durch ihren Blick) in ihren Bann zog, denn bis dahin war ich noch von keiner Liebesleidenschaft gepackt worden. Nun aber zwang Amor meine Augen mit ihrem ach so stolzen Blick zur Erde hinab und setzte mir drückend seine Füße auf den Kopf, bis er mich schließlich gelehrt hatte, dieser unverschämte Kerl, sittsame Mädchen zu hassen und ganz ohne Sinn und Verstand zu leben. O weh! Das ganze Jahr hindurch lässt dieser Wahnsinn nicht mehr nach, und ich muss annehmen, dass die Götter mir übelwollen. (*Properz*, Elegie 1,1,1–8; Übersetzung: R. Dammer)

Sodoma (Giovanni Antonio Bazzi; 1477–1549): Amor, Eremitage, St. Petersburg

2.1 *Servitium amoris* – Liebe als Sklavendienst

In einer schlaflosen Nacht überlegt das lyrische Ich zunächst, ob es Cupidos
Übergriff Widerstand leisten soll. Es fährt fort (*Am.* 1,2,19–36).

W Beschreiben Sie die einzelnen Bestandteile der Abbildung genau und stellen Sie anschließend aus dem Text alle Begriffe zum Sachfeld „Triumphzug" zusammen.

G Dat. possessivus mit Prädikatsnomen • attributives Participium coniunctum
Übersetzen Sie: *Laus tibi non sum. Vulnus modo a Cupidine factum habeo. Video populum clamantem.*

T Ermitteln Sie anhand einer Analyse der zugeordneten Handlungen und Eigenschaften die Rollenverteilung von Cupido und lyrischem Ich im Rahmen des imaginierten Triumphzuges.

<table>
<tr><td>

2 En ego confiteor! Tua sum nova praeda, Cupido;
     porrigimus victas ad tua iura manus.
Nil opus est bello – veniam pacemque rogamus;
     nec tibi laus armis victus inermis ero.
5 Necte comam myrto, maternas iunge columbas;
     qui deceat, currum vitricus ipse dabit,
inque dato curru populo clamante „triumphum"
     stabis et adiunctas arte movebis aves.
Ducentur capti iuvenes captaeque puellae:
10   Haec tibi magnificus pompa triumphus erit!
Ipse ego, praeda recens, factum modo vulnus habebo
     et nova captiva vincula mente feram.
Mens Bona ducetur manibus post terga retortis
     et Pudor et castris quidquid Amoris obest.
15 Omnia te metuent; ad te sua bracchia tendens
     vulgus „io" magna voce „triumphe!" canet.
Blanditiae comites tibi erunt Errorque Furorque,
     assidue partes turba secuta tuas.

</td><td>

ēn: siehe da – **cōnfitērī**: gestehen
porrigere: entgegenstrecken – **iūra, ōrum** n Pl. *hier*: Herrschaft, Gewalt
nīl: nicht – **opus est**: es ist nötig
venia: Gnade – **laus, dis** f: Lob
inermis: unbewaffnet – **nectere**: bekränzen – **coma**: LW1 – **myrtus**: LW1 – **iungere** *hier*: anspannen (vor den Triumphwagen) – **columba**: Taube (heiliges Tier der Venus)
vītricus: Stiefvater (gemeint ist Mars) – **adiungere** *hier*: vor den Wagen spannen – **dūcere** *hier*: im Triumphzug mitführen – **pompa**: Festzug – **captīvā mente**: mit der Gesinnung eines Kriegsgefangenen
Mens Bona: die edle Gesinnung
manibus post terga retortīs: mit auf dem Rücken gefesselten Händen
obesse: hinderlich sein

iō triumphe: Hurra, Triumphzug (typischer Ausruf bei einem Triumphzug) – **Error**: sittliche Verirrung – **Furor**: rasende Leidenschaft – **assiduē**: fortwährend
partēs tuās sequi (secūtus sum): an deiner Seite sein

</td></tr>
</table>

◆◆ 1. Stellen Sie dar, wie sich das lyrische Ich seine Auslieferung an Amor vorstellt, indem Sie in Form einer tabellarischen Gegenüberstellung herausarbeiten, worauf die traditionellen Bestandteile eines Triumphzuges (Personen, Gegenstände etc.) übertragen werden.

◆◆ 2. Benennen Sie in diesem Zusammenhang exemplarisch rhetorisch-stilistische Mittel und erläutern Sie ihre Funktion (→ S. 54f.).

◇ 3. Erläutern Sie, wie Ovid hier mit dem traditionellen elegischen Motiv des *servitium amoris* (→ S. 6) spielt und sich damit als *tenerorum lusor amorum* erweist.

◇◇ 4. Arbeiten Sie heraus, welche Tugenden als Gefangene mitgeführt werden und welche „neuen" Tugenden im Gefolge Amors genannt werden.

◇◇ 5. Informieren Sie sich über die Sittengesetzgebung des Augustus (→ i) und nehmen Sie begründet dazu Stellung, wie sich der Inhalt des Gedichtes zu den Bestrebungen des Kaisers verhält.

i Sittengesetzgebung des Augustus

Die Ehe- und Sittengesetzgebung des Augustus war Bestandteil eines umfassenden Restaurationsprogrammes, das dem moralischen Verfall der Gesellschaft nach den langen Jahren der Bürgerkriege Einhalt gebieten sollte. Insbesondere die Oberschicht sollte sich wieder auf die moralischen Werte der Vorfahren (*mores maiorum*) besinnen, die laut offizieller Propaganda Rom einst groß gemacht hatten. Zu diesen *mores* gehörten der Schutz von Ehe und Familie sowie die Förderung von Tugenden wie *pudor* und *pudicitia*. Augustus erließ deshalb beispielsweise 18 v. Chr. die *lex Iulia* de adulteriis et de pudicitia, ein Gesetz, das eheliche Untreue strengstens unter Strafe stellte.

Seine Politik der moralischen Erneuerung setzte der Kaiser 17 v. Chr. grandios durch die Veranstaltung aufwendiger Säkularspiele in Szene, bei denen die augusteische Herrschaft als Beginn eines neuen, glücklichen Zeitalters gefeiert wurde. Unterstützt wurde der Kaiser in seinen Bestrebungen von vielen Dichtern, etwa von Horaz, der im offiziellen Festlied der Säkularspiele feierlich die durch Augustus ermöglichte Rückkehr von Tugenden wie Honor, Pudor und Fides besang.

Tiberius auf dem Triumphwagen, Silberbecher aus der Villa Pisanella in Boscoreale (1. Hälfte des 1. Jh. n. Chr.), Musée du Louvre, Paris

2.2 *Foedus aeternum* – Liebe als Dauerzustand

In dieser Elegie versucht das elegische Ich, seine Auserwählte für sich zu gewinnen (*Am.* 1,3).

W Übersetzen Sie und informieren Sie sich über die mythologischen Gestalten: *comites novem* (die neun Musen, V. 11), *vitis repertor* (Bacchus, V. 11), *fila sororum* (die Parzen, V. 17), *exterrita cornibus Io* (Io, V. 21), Leda (V. 22), Europa (V. 23f.).

G Konjunktiv im Hauptsatz: Optativ • Futur I
Übersetzen Sie: *Corinna me amet! Corinna me decipiet.*
Bestimmen Sie die unterstrichenen Verbalformen: Futur I oder Konjunktiv Präsens?

T Erstellen Sie ein Modus- und Tempusprofil der Hauptsätze und leiten Sie daraus erste Rückschlüsse ab, wie der Sprecher hier versucht, sein Mädchen für sich zu gewinnen.

---

3 Iusta precor: Quae me nuper praedata puella est,
　　aut amet aut faciat, cur ego semper amem!
A, nimium volui – tantum patiatur amari!
　　Audierit nostras tot Cytherea preces!
5 Accipe, per longos tibi qui deserviat annos,
　　accipe, qui pura norit amare fide!
Si me non veterum commendant magna parentum
　　nomina, si nostri sanguinis auctor eques
nec meus innumeris renovatur campus aratris
10　temperat et sumptus parcus uterque parens –
at Phoebus comitesque novem vitisque repertor
　　haec faciunt et, me qui tibi donat, Amor
et nulli cessura fides, sine crimine mores
　　nudaque simplicitas purpureusque pudor.
15 Non mihi mille placent, non sum desultor amoris:
　　Tu mihi, siqua fides, cura perennis eris.
Tecum, quos dederint annos mihi fila sororum,
　　vivere contingat teque dolente mori!
Te mihi materiem felicem in carmina praebe –
20　provenient causa carmina digna sua.
Carmine nomen habent exterrita cornibus Io
　　et quam fluminea lusit adulter ave
quaeque super pontum simulato vecta iuvenco
　　virginea tenuit cornua vara manu.
25 Nos quoque per totum pariter cantabimur orbem,
　　iunctaque semper erunt nomina nostra tuis.

K. puella, quae me nuper praedata est, ... – **praedārī (praedātus sum):** erbeuten
nimium: LW1
audierit ~ audiat
accipe (an die *puella* gerichtet)
deservīre: eifrig dienen – **quī nōrit:** der es verstehen wird
commendāre: anempfehlen
sanguis *hier:* Geschlecht – **auctor** *hier:* Ahnherr – **renovāre:** umpflügen
arātrum: Pflug – *K.* et temperat
sumptūs temperāre: sparsam wirtschaften – **parēns, ntis:** Elternteil – **vītis, is,** f: Weinrebe

nūllī cessūra fidēs: unerschütterliche Treue – **nūdus** *hier:* unverfälscht
simplicitās *hier:* Aufrichtigkeit
pudor: LW2 – **dēsultor amōris:** Frauenheld – *K.* siqua fides (est): so wahr es Treue gibt – **perennis:** beständig – **fīlum** *hier:* Lebensfaden
contingere: zuteil werden

carmen: LW1
māteriēs, eī = māteria: LW1
prōvenīre *hier:* entstehen – **nōmen habēre** *hier:* berühmt sein – **lūdere** *hier:* täuschen – **avis:** LW2
flūminea avis *hier:* Schwan
pontus: Meer – **vehī** *hier:* reiten
simulātus: vorgetäuscht
iuvencus: Stier
vārus: gekrümmt
pariter: zusammen

◈◈ 1. Gliedern Sie die Elegie unter sprachlichen und formalen Gesichtspunkten und fassen Sie die einzelnen Abschnitte kurz zusammen.

◈ 2. Arbeiten Sie nun im Einzelnen heraus, womit der Sprecher versucht, sein Mädchen für sich zu gewinnen.

◈◈ 3. Benennen Sie Stilmittel und erläutern Sie ihre Funktion für die Werbung des Sprechers. Achten Sie insbesondere auf den dominierenden Laut der Verse 1–6 und die dadurch erzeugte klangliche Gestaltung (→ S. 54f.).

◈ 4. Weisen Sie an diesem Text das *foedus-aeternum*-Motiv (→ S. 6) nach.

◈◈ 5. Vergleichen Sie die Liebesbeziehungen der in den Versen 21–24 erwähnten mythologischen Figuren miteinander und bewerten Sie vor diesem Hintergrund die Ernsthaftigkeit der Werbung des lyrischen Ichs (→ i). Berücksichtigen Sie dabei auch, was das lyrische Ich in der vorangegangenen Elegie in den Versen 13–18 geschildert hat.

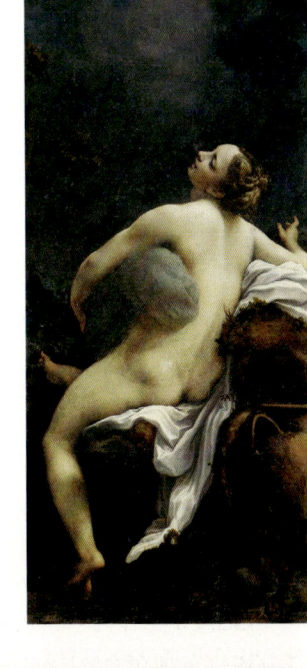

Antonio da Correggio
(1489–1534):
Jupiter und Io,
Kunsthistorisches
Museum, Wien

ℹ **Typisch Liebeselegie (II):**

Mythologische *exempla* – *poeta doctus*

Typisch für die Liebeselegie ist die Verwendung von Beispielen aus der griechisch-römischen Mythologie, um bestimmte Sachverhalte, beispielsweise die eigene Gefühlslage, zu veranschaulichen oder unterschwellig eine andere Botschaft zu vermitteln. Vielfach beschränkt sich der Sprecher dabei auf Andeutungen oder umschreibt das Gemeinte so, dass die Anspielungen nur für diejenigen verständlich sind, die sich in der Mythologie gut auskennen. Der Dichter präsentiert sich damit als *poeta doctus*, der nicht für jedermann, sondern für zutiefst gebildete Rezipienten schreibt. Wer seine Anspielungen versteht, zieht daraus einen besonderen intellektuellen Genuss und erweist sich damit einem exklusiven Zirkel geistiger Elite zugehörig. Dieses Verfahren ist typisch für die sogenannten Neoteriker (die „modernen Dichter") in der Tradition des Kallimachos (→ i, S. 9).

Leda und der Schwan, römische Wandmalerei aus Pompeji (1. Jh. n. Chr.)

2.3 *Militia amoris* – Liebe als Kriegsdienst

In dieser Elegie demonstriert der Sprecher seinem Freund Atticus an vielen Beispielen die Strapazen eines Liebenden (*Am.* 1,9,1–10; 17–20; 31f.; 39–46).

W Verb, Nomen oder Adjektiv? Entscheiden Sie: *bello* (V. 3), *duces* (V. 5), *bella* (V. 6), *ducis* (V. 8), *portas* (V. 14), *lectus* (V. 22).

T Analysieren Sie die beiden dominierenden Wort- bzw. Sachfelder und formulieren Sie eine Hypothese, welche zwei Daseinsformen hier miteinander verglichen werden. Tipp: Werfen Sie einen Blick auf die Abbildung.

G vorangestellter Relativsatz

Übersetzen Sie: *Quae bello convenit, aetas amori quoque convenit. Quas duces in milite laudant, has virtutes et puella diligit.*

---

4 Militat omnis amans, et habet sua castra Cupido;
 Attice, crede mihi: Militat omnis amans.
Quae bello est habilis, Veneri quoque convenit aetas.
 Turpe senex miles, turpe senilis amor.
5 Quos petiere duces animos in milite forti,
 hos petit in socio bella puella viro.
Pervigilant ambo, terra requiescit uterque.
 Ille fores dominae servat, at ille ducis.
Militis officium longa est via; mitte puellam,
10 strenuus exempto fine sequetur amans. (…)
Mittitur infestos alter speculator in hostes;
 in rivale oculos alter ut hoste tenet.
Ille graves urbes, hic durae limen amicae
 obsidet; hic portas frangit, at ille fores. (…)
15 Custodum transire manus vigilumque catervas
 militis et miseri semper amantis opus.
Mars dubius nec certa Venus: victique resurgunt,
 quosque neges umquam posse iacere, cadunt.
Ergo desidiam quicumque vocabat amorem,
20 desinat! Ingenii est experientis amor. (…)
Ipse ego segnis eram discinctaque in otia natus;
 mollierant animos lectus et umbra meos.
Impulit ignavum formosae cura puellae
 iussit et in castris aera merere suis!
25 Inde vides agilem nocturnaque bella gerentem!
 Qui nolet fieri desidiosus, amet!

et hier: auch – **castra**: LW2

K. Aetas, quae … habilis, … convenit **habilis** (+ Dat.): geeignet für **convenīre**: LW1

K. Hos animos, quos … forti, petit … viro – **petiēre** = petiērunt – **animus** hier: Einstellung – **socius** hier: verbunden in Liebe – **pervigilāre**: (die Nacht) durchwachen – **uterque**: beide – **mittere** hier: vorauslaufen lassen – **strēnuus**: aktiv – **exemptō fīne**: ohne Ende – **īnfestus**: feindlich **speculātor, ōris**: Späher – **ut**: wie **gravis**: LW1
līmen, inis n: Türschwelle
obsidēre: belagern

K. militis et amantis opus (est) transīre – **manus** hier: Gruppe – **caterva**: Haufen – **vigil, ilis** m: Wächter

ergō: also – **dēsidia**: Nichtstun **quīcumque**: wer auch immer **vocāre** (+ dopp. Akk.): etwas als etwas bezeichnen – **experiēns**: unternehmungslustig – **sēgnis**: träge **discinctum ōtium** hier: lässiger Müßiggang – **mollīre**: erschlaffen lassen – **impellere (impulī)**: antreiben – *K.* et iussit – **cūra**: LW3 **castra**: LW2 – **aera merēre**: Dienst ableisten – **inde**: seitdem – **nocturnus**: nächtlich – **dēsidiōsus**: träge

◆◆ 1. Zu Beginn der Elegie (V. 3–16) werden die charakteristischen Eigenschaften und Tätigkeiten von *miles* und *amans* miteinander verglichen. Belegen Sie dies zunächst an drei unterschiedlichen sprachlichen Signalen und führen Sie den Vergleich anschließend inhaltlich aus.

◆◆ 2. Charakterisieren Sie auf der Grundlage Ihrer Ergebnisse aus Aufgabe 1 die elegische Liebe im Allgemeinen sowie ihre Auswirkungen auf den Lebenswandel des Sprechers (V. 19–26).

◆◆ 3. Benennen Sie stilistische Mittel und erläutern Sie ihre Funktion im Zusammenhang des Textes (→ S. 54f.).

◆◆ 4. Informieren Sie sich über den traditionellen *vir vere Romanus* (→ i) und vergleichen Sie ihn mit dem in dieser Elegie präsentierten *amans*.

◆◆ 5. Nehmen Sie abschließend dazu Stellung, inwiefern diese Elegie Zeit- bzw. Gesellschaftskritik übt.

Mars und Venus,
römische Wandmalerei aus Pompeji (1. Jh. n. Chr.)

ⓘ *Vir vere Romanus*

„Den Wörtern *amor* und *amare* haftete bis in die Zeit der Liebeselegiker etwas Anrüchiges an, das in den Bereich außerehelicher Beziehungen gehörte, es sei denn, man sprach von *amor patriae*. Ein *vir vere Romanus* verschwendete keine Zeit auf Liebeständeleien; sein Verhalten war in erster Linie an den Normen orientiert, die Rom groß gemacht hatten, den *mores maiorum*: *labor* und *industria* (Arbeit mit vollem Einsatz), *fides* (Pflichterfüllung und Treue gegenüber Freunden und Schutzbefohlenen) und *amicitia*. Auf diesem Wege konnte er sich *dignitas* (persönliches Ansehen) und *auctoritas* (Einfluss) erwerben und war sich der öffentlichen Anerkennung (*laus*) sicher. Höchstes Ziel eines *vir gravis* (d.h. eines Mannes, der diese Erwartung erfüllte) war das Erringen von *gloria*, die ihm einen Platz in der Ruhmeshalle der römischen Geschichte garantierte. *Virtus* (ein Begriff, der das gesamte männliche Rollenverständnis umfasst) konnte vor allem im Dienst am Gemeinwesen, also bei der Tätigkeit in Verwaltung, Militär und Rechtsprechung bewiesen werden."
(aus: B. Leininger, Ovids Amores, in: N. Holzberg, Amor ludens, Bamberg, Buchner 1992, S. 44).

3.1 Schöne Geliebte – erfülltes Liebesglück

Das lyrische Ich blickt hier zurück auf ein erotisches Rendezvous mit seiner Geliebten, deren Name Corinna hier zum ersten Mal fällt (*Am.* 1,5,1–4; 9–26).

W Stellen Sie aus dem Text Wörter aus dem Wortfeld „Körperteile" zusammen und weisen Sie die Begriffe der Abbildung „Liebespaar" zu.

T Sammeln Sie Prädikate, die sich auf den Sprecher und Corinna beziehen, und ermitteln Sie daraus grob den Handlungsverlauf.

G Abl. abs. • Fragesatz als Ausruf

Übersetzen Sie: *Corinna venit me dormiente. Quam pulchra erat!*

Nehmen Sie zur Bestimmung der Kongruenzen eine metrische Bestimmung der Verse 7f. vor (→ S. 48).

Aestus erat, mediamque dies exegerat horam;	**media hōra** *hier:* Mittagsstunde
adposui medio membra levanda toro.	**exigō (exēgī)** *hier:* verstreichen lassen – **adpōnō (adposuī):**
Pars adaperta fuit, pars altera clausa fenestrae,	ausstrecken auf – **levānda** *hier:* Ruhe
quale fere silvae lumen habere solent. (...)	brauchend – **adapertus:** ein wenig geöffnet – **ferē:** ungefähr
5 Illa verecundis lux est praebenda puellis,	**verēcundus:** schüchtern – **latebrās**
qua timidus latebras speret habere pudor.	**habēre:** ein Versteck haben – **pudor:**
Ecce, Corinna venit tunica velata recincta	LW2 – **vēlātus:** eingehüllt – **recinctus:** ungegürtet – **candidus:**
candida dividua colla tegente coma,	leuchtend weiß – **coma:** LW1
qualiter in thalamos famosa Semiramis isse	**dīviduus:** gescheitelt – **quāliter:** genauso wie – **thalamus:**
10 dicitur et multis Lais amata viris.	Ehegemach – **fāmōsus:** legendär
Deripui tunicam (nec multum rara nocebat),	**dēripere (dēripuī):** herunterreißen
pugnabat tunica sed tamen illa tegi.	**rārus** *hier:* dünn – **nocēre** *hier:* ein Hindernis sein – **pūgnāre** (+ Inf.):
Quae cum ita pugnaret, tamquam quae vincere nollet,	darum kämpfen, dass – **tamquam**
victa est non aegre proditione sua.	**quae:** wie eine, die – **aegrē:**
15 Ut stetit ante oculos posito velamine nostros,	widerwillig – **prōditiō, ōnis f:** Kapitulation – **pōnere** *hier:* ablegen
in toto nusquam corpore menda fuit.	**vēlāmen, inis n:** Gewand
Quos umeros, quales vidi tetigique lacertos!	**nusquam:** nirgends – **menda:** Schönheitsfehler – **papilla:**
Forma papillarum quam fuit apta premi!	Brustwarze – **plānus** *hier:* flach
Quam castigato planus sub pectore venter!	**pectus:** LW1 – **castīgātus** *hier:* straff
20 Quantum et quale latus! Quam iuvenale femur!	**iuvenālis:** jugendlich – **femur n:**
Singula quid referam? Nil non laudabile vidi,	Oberschenkel – **singula, ōrum n Pl.:** Einzelheiten – **laudābilis, e:**
et nudam pressi corpus ad usque meum.	rühmenswert
Cetera quis nescit? Lassi requievimus ambo.	**ad ūsque** (+ Akk.): an etw.
Proveniant medii sic mihi saepe dies!	**requiēscere:** LW4 – **ambō:** LW4
	prōvenīre *hier:* verstreichen
	medius diēs: Mittagszeit

1. Gliedern Sie die Elegie und fassen Sie den Inhalt der Gliederungsabschnitte jeweils kurz zusammen.

2. Begründen Sie Ihre Gliederung unter sprachlichen und formalen Gesichtspunkten und stellen Sie dar, wie Sie diese Elegie verfilmen würden (Kameraführung, -einstellung, Licht etc.).

3. Arbeiten Sie heraus, welche Vorzüge seiner Geliebten der Sprecher hier besonders preist und mit welchen sprachlich-stilistischen Mitteln er seiner Begeisterung Ausdruck verleiht (→ S. 54f.).

4. Recherchieren Sie die Hintergründe sowie die Folgen der Lucretia-Episode bei Livius (→ Abb.) und vergleichen Sie diese mit der Ovid-Elegie.

5. Beurteilen Sie das in beiden Texten vermittelte Frauenbild vor dem Hintergrund des römischen Frauenideals (→ i) und aus moderner Sicht.

Liebespaar, römische Wandmalerei aus Pompeji (1. Jh. n. Chr.)

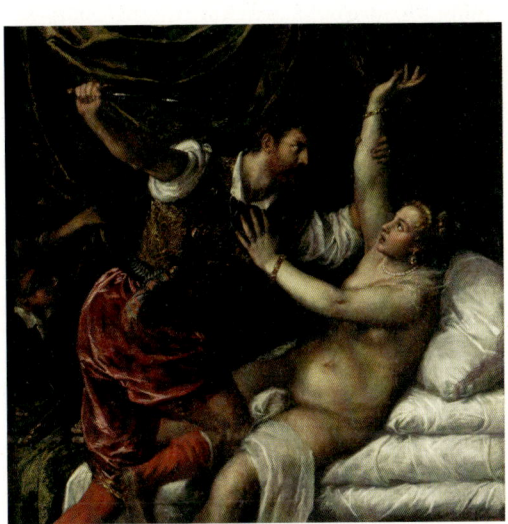

Tizian (um 1487/90–1576):
Tarquinius und Lucretia,
Fitzwilliam Museum, Cambridge

i Das Idealbild der römischen Ehefrau

In der konservativen römischen Gesellschaft sollte eine junge Frau als unberührte Jungfrau in die Ehe gehen und später als treue und sittsame *matrona* den Haushalt führen. Auf Lustbefriedigung abzielende Sexualität erlebte der Mann nicht mit seiner Ehepartnerin, für die sich dies nicht schickte. Der Geschlechtsakt sollte stattdessen idealerweise im verdunkelten Schlafzimmer und möglichst ohne sich zu bewegen vollzogen werden, und zwar rein zum Zwecke der Fortpflanzung. Sexuelle Befriedigung fand nur der Mann, allerdings außerhalb der Ehe mit einer sozial unebenbürtigen Frau im Rahmen einer flüchtigen Affäre. Dieses Idealbild weiblicher *pudicitia* war auch Bestandteil des augusteischen moralischen Restaurationsprogrammes, das beispielsweise der Historiker Livius mit seinem Werk *Ab urbe condita* unterstützte, in welchem er seinen Lesern Vorbilder altrömischer Werte (sog. *exempla virtutis*) präsentierte wie Lucretia als *exemplum pudicitiae*.

3.2 Populäre Geliebte – Folgen poetischer Überschwänglichkeit

In dieser Elegie klagt der Sprecher über die negativen Folgen, die sein Lob von Corinnas Schönheit hat (*Am. 3,12,7-20; 41-44*).

W Führen Sie folgende Fremdwörter auf ihr lateinisches Ursprungswort zurück und schlagen Sie ggf. die Grundbedeutung im Lexikon nach: *genial, sich prostituieren, Aversion, Testimonium, Moral, Poet, immens, Lizenz, historisch, feminin.*

T Weisen Sie durch eine Betrachtung der Pronomina und entsprechender Wortfelder nach, dass es im ersten Teil der Elegie (V. 1-8) primär um den Sprecher und seine Corinna geht, im zweiten Teil (V. 9-20) primär um dichtungstheoretische Aussagen.

G nominaler Abl. abs.

Übersetzen Sie: *Me duce amator ad Corinnam perductus est. Me vivo Corinna laudatur. Me mortuo Corinna non iam laudabitur.*

---

6 Quae modo dicta mea est, quam coepi solus amare,
       cum multis, vereor, ne sit habenda mihi.
  Fallimur, an nostris innotuit illa libellis?
       Sic erit - ingenio prostitit illa meo.
5 Et merito! Quid enim formae praeconia feci?
       Vendibilis culpa facta puella mea est.
  Me lenone placet, duce me perductus amator,
       ianua per nostras est adaperta manus.
  An prosint, dubium - nocuerunt carmina semper;
10   invidiae nostris illa fuere bonis.
  Cum Thebae, cum Troia foret, cum Caesaris acta,
       ingenium movit sola Corinna meum.
  Aversis utinam tetigissem carmina Musis
       Phoebus et inceptum destituisset opus!
15 Nec tamen ut testes mos est audire poetas -
       malueram verbis pondus abesse meis! (...)
  Exit in inmensum fecunda licentia vatum,
       obligat historica nec sua verba fide.
  Et mea debuerat falso laudata videri
20   femina; credulitas nunc mihi vestra nocet.

modo: LW2 – *K.* vereor, ne cum multis mihi habenda sit

an: LW1 – **innōtescere (innōtuī):** bekannt werden – **libellus:** Büchlein
meritō: zu Recht – **fōrma:** LW5
praecōnium facere: Ausrufer sein
vendibilis *hier:* beliebt

mē lēnōne: mit mir als Kuppler
perdūcere *hier:* zuführen
adapertus: geöffnet
an: LW1 – *K.* dubium (est) – **carmen:** LW1 – **invidiae illa fuēre:** jene (Gedichte) waren Grund des Neides

āversīs Mūsīs: ohne Unterstützung durch die Musen – *K.* et Phoebus
tangere *hier:* in Angriff nehmen
dēstituere (dēstituī): im Stich lassen – **testis** *hier:* Zeitzeuge
mālueram: ich hätte lieber gewollt
pondus *hier:* Glaubwürdigkeit – **in inmēnsum exīre** *hier:* ins Unendliche schweifen – **licentia** *hier:* dichterische Freiheit – **vātēs:** LW1 – **obligāre** (m. Abl.): zu etw. verpflichten – **fidēs:** LW3 – **mea dēbuerat fēmina:** meine Frau hätte ... sollen – **falsō** *hier:* fiktiv
crēdulitās: Leichtgläubigkeit

◇◇ 1. Arbeiten Sie aus den Versen 1–8 heraus, welche konkreten Aussagen über Corinna gemacht werden und welche Rolle der Sprecher sich dabei selbst zuweist.

◇◇ 2. Benennen und deuten Sie in diesem Zusammenhang auffällige stilistische Mittel und nehmen Sie dabei insbesondere die Verse 3f. und 7 in den Blick (→ S. 54f.).

◇◇ 3. Stellen Sie dar, wie im zweiten Teil der Elegie (V. 9–20) die Frage nach dem Realitäts- bzw. Fiktionalitätsgehalt von Gedichten sowie von Literatur im Allgemeinen beantwortet wird.

◇◇ 4. Vergleichen Sie diese Elegie mit dem Anfang der Pygmalion-Erzählung aus Ovids *Metamorphosen* (→ M und Abb.) unter besonderer Berücksichtigung der dargestellten Kunstfertigkeit des Künstlers sowie der von der „Kreation" ausgehenden Wirkung.

◇◇ 5. Nehmen Sie – auf Basis der poetologischen Äußerungen in diesem Gedicht – dazu Stellung, ob es sich bei Corinna um eine reale Person oder ein literarisches Konstrukt handelt.

M Pygmalion

Weil Pygmalion (...) erzürnt war über die sittlichen Fehler, die die Natur dem weiblichen Charakter reichlich verliehen hat, lebte er ohne Ehefrau ledig und verzichtete lange auf eine Gefährtin im Ehebett. Inzwischen schnitzte er mit wundersamer Kunstfertigkeit an einem schneeweißen Elfenbein, verlieh ihm eine so schöne Gestalt, wie keine Frau geboren werden kann, und verliebte sich in sein Werk. Ihr Antlitz ist das einer wirklichen Jungfrau, man könnte meinen, sie lebe und wolle sich bewegen, wenn die Ehrfurcht ihr das nicht verbieten würde: So sehr verbirgt sich hier Kunst hinter der Kunst. Pygmalion bewundert sie und entbrennt in seiner Brust in Liebe zu dem vermeintlichen Körper.

(Ovid, *Metamorphosen* 243–253; Übersetzung: R. Dammer)

Anne-Louis Girodet de Roussy-Trioson (1767–1824):
Pygmalion und Galathea, Musée du Louvre, Paris

3.3 Hochmütige Geliebte – Corinnas Eitelkeit

In dieser Elegie beklagt der Sprecher Corinnas Hochmut, den sie aus ihrer
Schönheit zieht, und dessen Folgen für ihn (*Am.* 2,17,1–16; 21–34).

W Schlagen Sie ggf. im Lexikon folgende Fremdwörter nach, führen Sie sie mithilfe des Textes auf ihre lateinischen Ursprungsbegriffe zurück und erschließen Sie sich so ihre Bedeutung: *servil, infam, moderat, Okular, inferiore Stellung, Legislative, Iura.*

G **Participium coniunctum**
Übersetzen Sie: *Corinna faciem suam amans violenta est. Calypso virum recusantem detinuit.*

T Analysieren Sie die V. 1–6 nach der Konstruktionsmethode (→ S. 46).

7 Siquis erit, qui turpe putet servire puellae,	**turpis:** LW4
illo convincar iudice turpis ego!	**convincere:** verurteilen – **licet sim:**
Sim licet infamis, dum me moderatius urat,	mag ich auch sein – **īnfāmis:**
quae Paphon et fluctu pulsa Cythera tenet.	verrufen – **moderātus:** gemäßigt
5 Atque utinam dominae miti quoque praeda fuissem,	**ūrere:** LW1 – **Paphos:** Paphos (Stadt
formosae quoniam praeda futurus eram!	der Venus) – **Cythēra, ōrum** n Pl.:
Dat facies animos. Facie violenta Corinna est.	Kythera (Insel der Venus)
Me miserum! Cur est tam bene nota sibi?	**fōrmōsus:** LW4 – **quoniam …**
Scilicet a speculi sumuntur imagine fastus,	**futūrus eram:** da ich nun einmal
10 nec nisi compositam se prius illa videt!	bestimmt war – **animōs dare:**
Non, tibi si facies nimium dat in omnia regni	Hochmut verleihen – **violentus:** LW1
(o facies oculos nata tenere meos!),	**speculum:** Spiegel – **fāstus, ūs** m:
collatum idcirco tibi me contemnere debes:	Hochmut
aptari magnis inferiora licet.	**compositus** *hier:* zurechtgemacht
15 Traditur et nymphe mortalis amore Calypso	**nimium regnī:** zu viel Macht
capta recusantem detinuisse virum. (…)	
Carminis hoc ipsum genus impar; sed tamen apte	**cōnferre (collātus):** vergleichen
iungitur herous cum breviore modo.	**nātus** (m. Inf.): zu etw. geboren
Tu quoque me, mea lux, in quaslibet accipe leges;	**aptāre:** anpassen – **īnferior:** LW1
20 te deceat medio iura dedisse foro.	**mortālis** *hier:* Sterblicher – **recusāre:**
Non tibi crimen ero nec quo laetere remoto:	sich weigern – **dētinēre:** festhalten
Non erit hic nobis infitiandus amor.	**carmen:** LW1 – **impār:** ungleich
Sunt mihi pro magno felicia carmina censu,	**aptus:** LW1 – **hērōus** *hier:* der
et multae per me nomen habere volunt.	epische Vers (Hexameter)
	modus: LW1
	in quāslibet lēgēs: unter beliebigen
	Bedingungen
	iūra dare: Gesetze erlassen – *K.* nec
	is, quo laetēris remōto
	crīmen: LW3 – **laetārī:** sich freuen
	removēre: beseitigen
	īnfitiārī: leugnen

1. Stellen Sie alle Aussagen zusammen, die über Corinna gemacht werden.

2. Charakterisieren Sie das Rollenverhalten von *poeta / amator* und *puella*.

3. Erklären Sie die Funktion des mythologischen Beispiels (V. 15f.) für das Anliegen des Sprechers. Recherchieren Sie dazu die Hintergründe der Kalypso-Odysseus-Affäre und beziehen Sie die Abbildung mit ein.

4. Erläutern Sie mithilfe des Informationstextes (→ i), woran ein konservativer Römer bei der in der Elegie präsentierten Rollenverteilung Anstoß genommen haben könnte und aus welchen Gründen.

5. Arbeiten Sie aus dem Text wesentliche formale und inhaltliche Elemente der römischen Liebeselegie heraus.

Friedrich Preller der Ältere (1804–1878):
Odysseus nimmt Abschied von Kalypso, Ausschnitt, Sammlung Schack, Bayerische Staatsgemäldesammlungen, München

ⓘ Mann und Frau in der römischen Gesellschaft

Die römische Gesellschaft bezeichnet man als patriarchalisch, was bedeutet, dass der Mann als Familienoberhaupt die uneingeschränkte Gewalt über alle Angehörigen hatte, so auch über die Ehefrau und Kinder, während die Frau ihr ganzes Leben lang von einem männlichen Vormund abhängig war und sich ihrem Mann unterwerfen sollte. Auch wenn im 1. Jh. v. Chr. Anfänge einer juristischen Teilemanzipation der Frau zu beobachten sind – beispielsweise konnte die Ehefrau über ihr eigenes Vermögen verfügen und dieses im Falle einer Scheidung ihrem Mann sogar wieder entziehen –, so funktionierte dieser neue Rechtszustand häufig nur in der Theorie, in der Praxis bestand die traditionelle Vorstellung von der Rolle der Frau weiter. Männlichkeit wurde bei den Römern allerdings erst erworben, indem man sich beispielsweise als Besitzender, Familienvater, Politiker oder Soldat auszeichnete. Als unmännlich galten Knaben, die von einem Mann geliebt wurden. Ein Verstoß gegen die gesellschaftliche Norm war es, wenn sich – besonders gesellschaftlich hoch angesehene – Männer von einer Frau beherrschen ließen. So schockierte beispielsweise Antonius die damaligen konservativen Römer, indem er seine Liebe zu Kleopatra gleichsam zu seinem Lebensinhalt machte und sie sogar seine Herrin nannte.

3.4 Untreue Geliebte – Nebenbuhler und Affären

Der Sprecher klagt Corinna an, sich auf eine Affäre mit einem neureichen ehemaligen Soldaten eingelassen zu haben, und kommt dabei auch auf den generellen Einfluss von Reichtum zu sprechen (*Am*. 3,8,3–12; 23–26; 55–60).

W Stellen Sie alle Begriffe zu den drei Wort- bzw. Sachfeldern „Literatur / Dichtung", „Krieg / Politik" und „Reichtum / Ehre / Ansehen" zusammen.

G PC von Deponentien • relativische Subjekt- und Objektsätze
Übersetzen Sie: *Eques praeda belli pastus mihi praefertur. Discite, qui sapitis, non, quae divitias ferunt.*

T Erschließen Sie aus **i 2** und V. 6f., 11f. die Sonderform des sozialen Aufstiegs des *recens dives* (V. 7).

8 Ingenium quondam fuerat pretiosius auro;
   at nunc barbaria est grandis habere nihil.
Cum pulchre dominae nostri placuere libelli,
   quo licuit libris, non licet ire mihi.
5 Cum bene laudavit, laudato ianua clausa est;
   turpiter huc illuc ingeniosus eo.
Ecce, recens dives parto per vulnera censu
   praefertur nobis sanguine pastus eques!
Hunc potes amplecti formosis, vita, lacertis?
10   Huius in amplexu, vita, iacere potes? (…)
Cerne cicatrices, veteris vestigia pugnae:
   Quaesitum est illi corpore, quicquid habet.
Forsitan et, quotiens hominem iugulaverit, ille
   indicet; hoc fassas tangis, avara, manus –
15 ille ego Musarum purus Phoebique sacerdos
   ad rigidas canto carmen inane fores.
Discite, qui sapitis, non, quae nos scimus inertes,
   sed trepidas acies et fera castra sequi. (…)
Curia pauperibus clausa est, dat census honores:
20   Inde gravis iudex, inde severus eques.
Omnia possideant, illis Campusque Forumque
   serviat, hi pacem crudaque bella gerant,
tantum ne nostros avidi liceantur amores
   et (satis est) aliquid pauperis esse sinant!

ingenium: LW6 – **pretiōsus:** wertvoll
barbaria: Unkultiviertheit

libellus: Büchlein
K. (eo), quo (ire) libris licuit, non ire mihi licet
iānua: LW6

hūc illūc: hierhin und dorthin
ingeniōsus: talentiert – **recēns:** LW2
parere (partus): erwerben – **vulnus:** LW2 – **cēnsus:** LW7 – **praeferre:** vorziehen – **sanguis:** LW3 – **pāscī** *hier:* sich nähren von – **fōrmōsus:** LW4 – **lacertus:** LW5
cicātrīx, īcis f: Narbe

quicquid: was auch immer

forsitan: vielleicht – **quotiēns:** wie oft – **iugulāre:** erwürgen – **indīcere:** anzeigen – **fatērī (fassus):** gestehen
pūrus: LW3
forēs: LW4

castra: LW2

cēnsus: LW7

inde: von da – **gravis:** LW1

servīre: LW7 – **crūdus:** blutig
avidus: habgierig – **licērī:** bieten auf

sinere: zulassen

◊ 1. Arbeiten Sie die Klagen des Sprechers heraus, indem Sie untersuchen, in welchem Verhältnis nach Aussage des Sprechers die Themenbereiche „Literatur / Dichtung", „Krieg / Politik" und „Reichtum / Ehre / Ansehen" zueinander stehen (→ T).

◊◊ 2. Stellen Sie dar, mit welchen rhetorisch-stilistischen Mitteln der Sprecher seiner Entrüstung Ausdruck verleiht (→ S. 54f.).

◊ 3. Zeigen Sie, wie einerseits auf das Paraklausithyron-Motiv (→ i 1), andererseits auf das *militia-amoris*-Motiv angespielt wird.

◊◊ 4. *Dat census honores,* konstatiert das lyrische Ich. Erörtern Sie ausgehend von i 2, inwiefern dieser Satz noch heute gilt, und begründen Sie ihren Standpunkt (z. B. mit Ergebnissen eigener Recherchen).

i 1 Typisch Liebeselegie (III): Paraklausithyron

Ein Paraklausithyron ist ein typisches Motiv der Liebeselegie; der Begriff bezeichnet den Klagegesang des Liebhabers vor der verschlossenen Tür der Geliebten (griech. παρακλαυσίθυρον – Klagen vor der Tür), die ihn aus unterschiedlichen Beweggründen (z. B. aus Hartherzigkeit, Habgier oder Untreue oder aufgrund der Anwesenheit des Gatten) nicht einlässt. Der ausgeschlossene Liebhaber (*exclusus amator*) setzt sich daraufhin auf die – häufig als hart beschriebene – Türschwelle und möchte mithilfe seines Klageliedes Einlass erwirken.

i 2 Census

Der Zensus („Begutachtung, Schätzung, Volkszählung") erfasste seit dem 5. Jh. v. Chr. alle fünf Jahre die Gesamtzahl der römischen Bürger sowie die Höhe ihres steuerpflichtigen Vermögens. Dazu mussten sich alle rechtlich unabhängigen Römer an einem Tag persönlich auf dem Marsfeld einfinden und unter Eid vor den Zensoren ihre Familien- und Vermögensverhältnisse offenlegen. Entzog man sich dem Zensus, konnte man als Sklave verkauft werden.

Aufgrund der gemachten Angaben teilten die Zensoren die Bürger in Centurien ein. Diese Einteilung bestimmte ursprünglich vor allem, in welcher Stellung und welcher Waffengattung ein Bürger seiner Wehrpflicht nachkommen sollte; doch hing von ihr (und im Laufe der Zeit immer stärker) auch der soziale Stand eines Römers ab. Beispielsweise konnte man bei einem Vermögen von über 400.000 Sesterzen in den Ritterstand aufgenommen werden. (Zum Vergleich: Der Tageslohn eines einfachen Arbeiters betrug zu Ovids Zeit drei bis vier Sesterzen.) Andererseits mussten verarmte Ritter und Senatoren damit rechnen, aus ihrem Stand ausgeschlossen zu werden. Der Zensus entschied so vor allem über den gesellschaftlichen Status eines Bürgers: über sein Ansehen ebenso wie über seine Möglichkeiten politischer Einflussnahme.

3.5 Genug ist genug! – Emanzipationsversuche

In dieser Elegie spricht das elegische Ich sich selbst an und versucht – enttäuscht von der Liederlichkeit Corinnas –, einen Schlussstrich unter die Beziehung zu ziehen (*Am.* 3,11a,1–22; 27f.; 31f.).

W Erstellen Sie auf Grundlage des Textes ein Wortfeld „*ferre* und Komposita" und schlagen Sie ggf. die Wortbedeutung im Lexikon nach.

G *ferre* + Komposita
Bestimmen Sie die im Text vorkommenden *ferre*-Formen.

T Erarbeiten Sie sich auf Basis eines Tempus- und Modusprofils ein erstes Textverständnis.

9 Multa diuque tuli; vitiis patientia victa est:
  Cede fatigato pectore, turpis amor!
Scilicet adserui iam me fugique catenas
  et, quae non puduit ferre, tulisse pudet.
5 Vicimus et domitum pedibus calcamus amorem;
  venerunt capiti cornua sera meo.
Perfer et obdura! Dolor hic tibi proderit olim;
  saepe tulit lassis sucus amarus opem.
Ergo ego sustinui foribus tam saepe repulsus
10   ingenuum dura ponere corpus humo?
Ergo ego nescio cui, quem tu complexa tenebas,
  excubui clausam servus ut ante domum?
Vidi, cum foribus lassus prodiret amator
  invalidum referens emeritumque latus;
15 hoc tamen est levius, quam quod sum visus ab illo –
  eveniat nostris hostibus ille pudor!
Quando ego non fixus lateri patienter adhaesi
  ipse tuus custos, ipse vir, ipse comes?
Scilicet et populo per me comitata placebas;
20   causa fuit multis noster amoris amor.
Turpia quid referam vanae mendacia linguae
  et periuratos in mea damna deos? (...)
His et quae taceo duravi saepe ferendis.
  Quaere alium pro me, qui velit ista pati! (...)
25 Desine blanditias et verba potentia quondam
  perdere! Non ego sum stultus, ut ante fui.

patientia: Leidensfähigkeit
fatīgātus: ermüdet – **pectus:** LW1
turpis: LW4
scīlicet: LW7 – **adserere (-seruī)** *hier:* in Freiheit setzen – **catēna:** Fessel – *K.* (me) pudet – **domitus:** bezähmt – **calcāre:** treten
cornū: LW3 – **sērus:** spät

obdūrāre: hart sein – **prōdesse** LW6
lassus: LW5 – **sūcus** *hier:* Medizin
amārus: bitter – **ops, opis** f: Hilfe
sustinēre: aushalten – **forēs:** LW4
repellere: zurückweisen – **ingenuus:** freigeboren – **nescio cui, quem:** für irgendwen, den – **complexa tenēre:** in den Armen halten – **excubāre:** draußen liegen – *K.* ut servus
prōdīre: heraustreten – **amātor:** LW6
invalidus: geschwächt – **referre** *hier:* heimbringen, davontragen
ēmeritus: ausgedient – **latus:** LW5 *hier:* Leib, Körper – **levis** *hier:* erträglich, nicht schlimm
pudor: LW2

scīlicet: LW7 – *K.* Scilicet (tu) per me comitata et(iam) populo placebas
per mē comitāta: wegen meiner Begleitung – **turpis:** LW4 – **referre:** aufzählen – **mendācium:** Lüge
periūrāre: sich verschwören
damnum: Schaden
K. His et (eis), quae taceo, saepe ferendis duravi – **dūrāre** *hier:* hart werden – **patī:** LW3 – **blanditiae:** LW2 – **potēns, ntis:** LW1
perdere *hier:* vergeuden

◈◈ 1. Der Text lässt sich in drei Abschnitte gliedern (V. 1–8, 9–22, 23–26). Begründen Sie diese Gliederung mit inhaltlichen und sprachlich-formalen Gesichtspunkten.

◈ 2. Arbeiten Sie heraus, was eine Trennung von Corinna für den Sprecher bedeutet.

◈ 3. Zeigen Sie in diesem Zusammenhang, inwiefern das typisch elegische Paraklausithyron-Motiv (→ S. 23) hier eine Steigerung erfährt.

◈◈ 4. Informieren Sie sich über das antike Intertextualitätsprinzip (→ i) und analysieren Sie, in welcher Form das Thema des Catullgedichtes (→ M) bei Ovid aufgegriffen wird (imitierend, variierend etc.).

◈◈ 5. Zeigen Sie durch einen Vergleich mit dem lateinischen Originaltext Catulls, dass Ovid in seiner Elegie auch formal-strukturell und verbal auf seinen Vorgänger Catull anspielt.

i Antike Intertextualität – *aemulatio* und *imitatio*

Ein antikes Werk stand selten für sich, sondern reagierte häufig auf einen Vorgängertext: Themen wurden beispielsweise fortgeführt, variiert oder konterkariert. Die Anspielung auf ein literarisches Vorbild konnte jedoch auch durch die Übernahme von Strukturelementen oder Formulierungen (Zitat) erfolgen. Indem man sich auf diese Weise mit bereits vorhandenen Mustern auseinandersetzte, bewies man nach antikem Kunstverständnis einerseits sein Können und erwies sich so als *poeta doctus*; andererseits verschaffte man den Rezipienten intellektuellen Genuss. Das Ziel der Anspielung auf einen literarischen Vorgänger konnte entweder die *imitatio* (huldigende Nachahmung) sein oder die *aemulatio* (wetteiferndes Messen mit dem Ziel der Überbietung).

M Catullrezeption (*Carmen* 8)

Catull (Gaius Valerius Catullus) gehörte dem Kreis der Neoteriker (→ M, S. 13) an und orientierte sich wie diese vor allem an dem berühmten hellenistischen Dichter Kallimachos.

„Armer Catull, hör auf, ein Narr zu sein. Du siehst doch, dass du es verloren hast – nimm den Verlust hin. Einst leuchteten dir strahlende Sonnen, wenn du gingst, wohin dein Mädchen dich führte, (5) das von dir so sehr geliebt wurde, wie keine andere je geliebt werden wird. Dort geschahen all jene Späße, die du wolltest und denen auch das Mädchen nicht abgeneigt war. Wahrlich, dir leuchteten strahlende Sonnen. Jetzt will sie nicht mehr: Du kannst es nicht ändern, gib auch du die Wünsche auf; (10) laufe nicht hinter einer her, die mit dir Schluss macht, und lebe nicht unglücklich, sondern ertrage es standhaften Sinnes: Sei hart! Leb wohl, Mädchen. Catull ist jetzt hart und wird dich nicht vermissen und dich nicht gegen deinen Willen anbetteln. Aber dir, ja dir wird es noch leid tun, wenn du nicht mehr angebettelt wirst. (15) Miststück, weh dir! Welches Leben steht dir bevor? Wer wird jetzt noch zu dir kommen? Wem wirst du noch schön erscheinen? Wen wirst du jetzt lieben, was wird man sagen, zu wem du gehörst? Wen wirst du küssen, wem wirst du in die Lippen beißen? Doch du, Catull, sei standhaft und bleib hart."
(Übersetzung: R. Dammer)

3.6 Hassliebe – Liebesqualen

Im Folgenden schildert das lyrische Ich die widersprüchlichen Gefühle, die seine untreue Geliebte in ihm auslöst (*Am.* 3,11b,33–52).

W Sammeln Sie Begriffe zu den beiden Wort- bzw. Sachfeldern "Charakter" und "Äußerlichkeiten".

T Informieren Sie sich über das *odi-et-amo*-Motiv bei Catull (→ M 2) und weisen Sie dieses Thema auch in folgender Elegie nach.

G unregelmäßige Verben: *velle, nolle, posse*
Bestimmen Sie die grammatische Form der unterstrichenen Verben.
Analysieren Sie Vers 20 mithilfe des Einrückverfahrens.

10 Luctantur pectusque leve in contraria tendunt	**luctārī:** miteinander ringen – **pectus:** LW1 – **in contrāria tendere:** in entgegengesetzte Richtung streben **hāc..., hāc...:** einerseits ... andererseits – **iugum:** Joch
hac amor, hac odium, sed (puto) vincit amor.	
Odero, si <u>potero</u>; si non, invitus amabo.	
Nec iuga taurus amat; quae tamen odit, habet.	
5 Nequitiam fugio – fugientem forma reducit;	**fōrma:** LW5
aversor morum crimina – corpus amo.	**āversārī:** verabscheuen **crīmen:** LW3
Sic ego nec sine te nec tecum vivere <u>possum</u>,	**viderī:** scheinen – **nēscius vōti meī esse:** nicht wissen, was ich will
et videor voti nescius esse mei.	*K.* (ut) aut formosa fores (= esses) minus aut minus improba, vellem
Aut formosa fores minus aut minus improba, <u>vellem</u>;	**fōrmōsus:** LW4 – **facere ad** *hier:* passen zu – **fōrma:** LW5 – **merēre:**
10 non facit ad mores tam bona forma malos.	verdienen – **faciēs:** LW7 – **exōrāre:** erflehen – **plūs valēre:** mehr Einfluss
Facta merent odium, facies exorat amorem –	haben – **per** (+ Akk.): bei ... (in Beschwörungen) – **lectus:** LW4
me miserum, vitiis plus valet illa suis!	**sociālis:** gemeinsam – **īnstar** (+ Gen.): so bedeutsam wie
Parce, per o lecti socialia iura, per omnis,	
qui dant fallendos se tibi saepe, deos,	
15 perque tuam faciem, magni mihi numinis instar,	
perque tuos oculos, qui rapuere meos!	
Quidquid eris, mea semper eris; tu selige tantum,	**sēligere:** auswählen – *K.* selige, (utrum) ... velis anne ... amem – **tantum:** LW3 – **lintea dare:** die Segel setzen – *K.* quam ut amare cogar, si nolim, si velim
me quoque <u>velle</u> <u>velis</u> anne coactus amem!	
Lintea dem potius ventisque ferentibus utar,	
20 ut quam, si <u>nolim</u>, cogar amare, velim!	

◇ 1. Arbeiten Sie heraus, was der Sprecher an Corinna liebt und was er an ihr hasst.

◇◇ 2. Arbeiten Sie sprachliche Auffälligkeiten heraus, die der Sprecher zur Verdeutlichung seiner Gefühlslage nutzt.

◇◇ 3. Vergleichen Sie die Elegie mit Catulls *Carmen* 85 (→ T, M 2); gehen Sie vor allem darauf ein, wie Hass und Liebe von den beiden Sprechern gewichtet werden und welche Ursachen sie für ihren Gefühlszustand angeben.

◇◇ 4. Analysieren Sie die Übersetzungen der Verse 1f. sowie 5f. (→ M 1), indem Sie sie mit dem Originaltext und untereinander vergleichen (→ i).

◇ 5. Nennen Sie (ggf. nach entsprechender Recherche) Beispiele aus Kunst, Musik oder Literatur, in denen das *odi-et-amo*-Motiv ebenfalls eine zentrale Rolle spielt.

M 1 *Amores* 3,1f.; 5f.

Es ringen und lenken mein leicht zu bewegendes Herz in entgegengesetzte Richtungen hier Liebe, dort Hass, aber ich glaube, es siegt die Liebe. (...) Ihre Nichtswürdigkeit fliehe ich, ihre Schönheit führt den Fliehenden zurück; von mir weise ich ihre Unmoral, ihren Körper liebe ich.
(Übersetzung: N. Holzberg)

Ringend stehen und ziehn mein Herz nach hüben und drüben
Liebe und Hass; doch erringt, schätz ich, die Liebe den Sieg. (...)
Flieh ich die Liederlichkeit, so holt deine Schönheit mich wieder,
Deinen verdorbenen Sinn scheu ich, begehre den Leib.
(Übersetzung: W. Marg / R. Harder)

i Übersetzungsvergleich

Folgende vier Kriterien ermöglichen einen Übersetzungsvergleich sowie eine Beurteilung der Übersetzungen:

1. Äußere Form (u.a.): Werden andere Absätze eingeführt? Wurde die poetische Form beibehalten?
2. Satzbau (u.a.): Wie wurde mit der Wortstellung des Originals umgegangen?
3. Wortwahl und Stilistik (u.a.): Sind Wortwahl und Stil dem Original angemessen? Werden stilistische Auffälligkeiten des Originals (Anaphern, Antithesen, Alliterationen etc.) berücksichtigt? Oder werden neue Stilmittel eingefügt?
4. Gesamtaussage (u.a.): Wird die Gesamtaussage des Originals verändert? Wird die Sprachstruktur des Originals beibehalten oder ein verständlicher deutscher Text präsentiert?

M 2 *Odi et amo*

Bei diesem Gedicht handelt es sich um das berühmteste Epigramm Catulls (*Carmen* 85):

Odi et amo. Quare id faciam,
　　fortasse requiris.
Nescio,
　　sed fieri sentio et excrucior

Ich hasse und liebe. Warum ich das tue,
　　fragst du vielleicht.
Ich weiß es nicht; aber ich fühle,
　　dass es mir widerfährt, und leide Qualen.
(Übersetzung: R. Dammer)

4.1 Lösungsversuche

Der Sprecher berichtet seinem Freund Macer, der gerade dabei ist, ein Epos über den trojanischen Krieg zu verfassen, von seinen Versuchen, sich von Amor und damit von der Liebeselegie zu emanzipieren (*Am.* 2,18,1–22; 39f.).

G Nehmen Sie zur Ermittlung der Kasus eine metrische Analyse der Verse 13 und 16 vor (→ S. 48).

T Recherchieren Sie zu Achill, Penelope, Ulixes und Phyllis.

11 Carmen ad iratum dum tu perducis Achillen
   primaque iuratis induis arma viris,
   nos, Macer, ignava Veneris cessamus in umbra,
   et tener ausuros grandia frangit Amor.
5 Saepe meae „tandem", dixi, „discede" puellae –
   in gremio sedit protinus illa meo.
   Saepe „pudet!", dixi, lacrimis vix illa retentis
   „Me miseram! Iam te" dixit „amare pudet?"
   Implicuitque suos circum mea colla lacertos
10   et, quae me perdunt, oscula mille dedit.
   Vincor, et ingenium sumptis revocatur ab armis,
   resque domi gestas et mea bella cano.
   Sceptra tamen sumpsi, curaque tragoedia nostra
   crevit, et huic operi quamlibet aptus eram.
15 Risit Amor pallamque meam pictosque cothurnos
   sceptraque privata tam cito sumpta manu.
   Hinc quoque me dominae numen deduxit iniquae,
   deque cothurnato vate triumphat Amor.
   Quod licet, aut artes teneri profitemur Amoris
20   (Ei mihi! Praeceptis urgeor ipse meis),
   aut quod Penelopes verbis reddatur Ulixi
   scribimus et lacrimas, Phylli relicta, tuas. (...)
   Si bene te novi, non bella libentius istis
   dicis et a vestris in mea castra venis.

perdūcere: hinführen – **induere:** anlegen – **iūrātus:** verschworen

īgnāvus: LW4 – **cessāre:** müßig sein *K.* (nos) grandia ausuros – **audēre (ausus sum):** wagen – **grandis, e:** groß – **frangere** *hier:* scheitern lassen – **gremium:** Schoß – **prōtinus:** LW1 – **retinēre (retentus):** zurückhalten – **pudet:** LW9

implicāre (implicuī): umschlingen **circum:** um ... herum – **collum:** LW5 **lacertus:** LW5 – **perdere:** zugrunde richten – **ingenium:** LW6

cūra: LW3

quamlibet: ganz nach Belieben **aptus:** LW1 – **palla:** Umhang – **pictus:** bunt – **cothurnus:** der Kothurn (Schuh des Tragödienschauspielers) **hinc:** von hier aus – **cothurnātus** *hier:* tragisch **vātēs:** LW1

urgēre *hier:* bedrängen

nōvisse: kennen – **libentius** (+ Abl.): lieber (als) – **dīcere** *hier:* besingen **ā vestrīs** = a tuis (castris) **castra:** LW2

◇◇ 1. Arbeiten Sie heraus, aus welchen Beweggründen sich der Sprecher von der Elegie verabschieden will und wie weit seine Versuche von Erfolg gekrönt sind, und erklären Sie in diesem Zusammenhang die grammatische Form und Funktion von *ausuros* (V. 4), *vincor* (V. 11) und *revocatur* (V. 11).

2. Recherchieren Sie zu den in i aufgeführten Werken Ovids und prüfen Sie anschließend, auf welche dieser Werke die Elegie 2,18 Bezug nimmt. Stellen Sie die entsprechenden Formulierungen bzw. Umschreibungen zusammen.

3. Begründen Sie, warum Amor mit einigen literarischen Versuchen des Sprechers (V. 5–18) nicht einverstanden ist, mit anderen (V. 19–22) hingegen doch.

4. Benennen Sie das für die Elegie ungewöhnliche erzählerische Darstellungsmittel, das in den Versen 5–8 verwendet wird, und diskutieren Sie mögliche Gründe für seine Verwendung. Bedenken Sie dabei, aus welchen literarischen Gattungen dieses Mittel stammt.

5. Vergleichen Sie den Text mit der Programm-Elegie (→ Am. 1,1, S. 8) und arbeiten Sie Gemeinsamkeiten und Unterschiede heraus.

i Ovids erste literarische Schaffensphase

Amores (Liebesgedichte)

Medea (Tragödie)

Ars amatoria (Lehrbuch der Liebe)

Remedia amoris (Heilmittel gegen die Liebe)

Epistulae heroidum (Heroidenbriefe)

Medicamina faciei femineae (Schönheitstipps)

Melpomene, Muse der Tragödie, römische Skulptur (o. J.), Ny Carlsberg Glyptothek, Kopenhagen

Schauspieler, römische Statuette (1. Jh. v. Chr.), Museo Archeologico Nazionale, Neapel

4.2 Endgültiger Abschied

In seiner Schlusselegie (auch Sphragis genannt) erteilt der Sprecher der Gattung Liebeselegie endgültig eine Absage, kommt auf seine eigene Person zu sprechen und erhofft sich Ruhm für die Ewigkeit durch seine Dichtung (*Am.* 3,15).

W Stellen Sie aus dem Text alle Begriffe und Formulierungen aus dem Sachfeld „Militär und Krieg" zusammen.

G **Apposition und Vokativ**
Unterscheiden Sie bei den unterstrichenen Begriffen zwischen Appositionen und Vokativen (die letzteren stehen in Verbindung mit einem Imperativ).

T Informieren Sie sich über den sogenannten „Bundesgenossenkrieg" (*bellum sociale*), auf den Ovid in V. 10 (*socias ... manus*) anspielt.

---

12 Quaere novum vatem, tenerorum mater Amorum!
    Raditur hic elegis ultima meta meis.
Quos ego composui, Paeligni ruris alumnus
    – nec me deliciae dedecuere meae –,
5 siquid id est, usque a proavis vetus ordinis heres,
    non modo militiae turbine factus eques.
Mantua Vergilio, gaudet Verona Catullo –
    Paelignae dicar gloria gentis ego,
quam sua libertas ad honesta coegerat arma,
10   cum timuit socias anxia Roma manus.
Atque aliquis spectans hospes Sulmonis aquosi
    moenia, quae campi iugera pauca tenent,
„quae tantum", dicat, „potuistis ferre poetam,
    quantulacumque estis, vos ego magna voco."
15 Culte puer puerique parens Amathusia culti,
    aurea de campo vellite signa meo!
Corniger increpuit thyrso graviore Lyaeus:
    Pulsanda est magnis area maior equis.
Imbelles elegi, genialis Musa, valete,
20   post mea mansurum fata superstes opus.

vātēs: LW1 – **tener:** LW11 – **rādere:** umkurven, passieren
mēta: Wendemarke
Paelignum: Paeligner- – **rūs, rūris** n: Land – **alumnus:** Zögling
dēdecēre: zur Schande gereichen
siquid id est: falls das etwas bedeutet – **ūsque ā:** seit – **proavus:** Vorfahr – **ordō, inis** m: (sozialer) Stand – **modo:** LW2 – **turbō, inis** m: Wirren – **Mantua:** Heimatstadt Vergils – **Vērōna:** Heimatstadt Catulls – **cōgere** hier: treiben
anxius: besorgt – K. hospes aliquis moenia Sulmonis aquosi spectans
Sulmō, ōnis: Heimatstadt Ovids
aquōsus: regnerisch – **iūgerum campī:** ein Morgen Landes (Maßeinheit) – **quantuluscumque:** wie klein auch immer – **parēns, ntis** m / f hier: Mutter – **aureus:** golden
vellere: herausziehen – **sīgnum** hier: Feldzeichen (Fahne und Legionsadler) – **corniger:** horngeschmückt
increpāre (increpuī): tönen, laut werden – **thyrsus:** Thyrsus (der mit Efeu und Wein umwundene Stab des Bacchus) – **gravis:** LW1 – **pulsāre** hier: durchfahren – **imbellis, e:** unkriegerisch – **geniālis, e** hier: heiter – **fātum** hier: Tod

---

◇ 1. Stellen Sie alle autobiographischen Angaben, die der Sprecher macht, zusammen.

◇◇ 2. Weisen Sie Ovids Selbstbewusstsein sprachlich und inhaltlich nach.

◇◇ 3. Vergleichen Sie die Abschlusselegie und die Anfangselegie (→ *Am.* 1,1, S. 8) hinsichtlich des Verhältnisses zwischen *poeta* und Gottheit.

◇ 4. Nehmen Sie dazu Stellung, inwiefern die Dichtung Ovid tatsächlich ewigen Ruhm ermöglicht hat, indem Sie – ausgehend von M 1 – sein Lebensende sowie sein Fortwirken recherchieren.

◇◇ 5. Vergleichen Sie die Abschlusselegie und die Zusatztexte M 2 und M 3 hinsichtlich ihrer Aussagen über den Ruhm (*gloria*). Gehen Sie dabei den Fragen nach, wodurch Ruhm erworben wird, was er bewirkt und wie er zu bewerten ist.

M 1 Ovids Grabinschrift

Hic ego, qui iaceo, tenerorum lusor amorum
  Ingenio perii, Naso poeta, meo.
At tibi, qui transis, ne sit grave, quisquis amasti,
  Dicere: Nasonis molliter ossa cubent.

Ich, der ich hier liege, der Dichter Naso, der Verfasser verspielter Liebesgedichte, bin an meinem eigenen Talent zugrunde gegangen. Aber wenn du, der du hier vorbeigehst, je geliebt hast, dann soll es dir nicht schwerfallen zu sagen: Mögen die Gebeine des Naso weich ruhen!
(Ovid, *Tristia* 3,3,73–76; Übersetzung: R. Dammer)

M 2 Der Philosoph Seneca über den Ruhm

Der Ruhm (*gloria*) ist der Schatten der sittlichen Vollkommenheit (*umbra virtutis*): Auch gegen ihren Willen wird er sie begleiten. (...) Wenn nun eine Belohnung für sittliche Vollkommenheit im Ruhm besteht, wird dieser auch nicht untergehen. Uns freilich wird das Gerede der Nachwelt gleichgültig sein: Dennoch wird es uns, ohne dass wir es wahrnehmen, verehren und preisen.
(Seneca, *Epistulae morales* 79,13; 17f. m. Ausl.; Übersetzung: R. Dammer)

M 2 Der Politiker Cicero über den Ruhm

Deshalb wollen wir denen von unseren Leuten nacheifern, die diesen Staat gefestigt haben, aus den Familien Brutus, Camillus, Ahala, Decius, Curius, Fabricius, Maximus, Scipio, Lentulus, Aemilius und zahllosen anderen! Diese rechne ich fürwahr zum Kreis und zur Zahl der unsterblichen Götter. Lasst uns das Vaterland lieben, dem Senat gehorchen, für die Guten sorgen! Lasst uns nicht auf kurzfristige Vorteile schielen, lasst uns unserem Ruhm bei der Nachwelt dienen! Lasst uns das für das Beste halten, was das Richtigste ist! Lasst uns erhoffen, was wir wollen, aber was geschieht, das lasst uns ertragen! Lasst uns schließlich eines bedenken: Der Leib tapferer Männer und bedeutender Menschen ist sterblich, doch ihr innerer Antrieb und der Ruhm ihrer Tapferkeit ewig!
(Cicero, *Pro Sestio* 143; Übersetzung: R. Dammer)

5.1 Penelope an Odysseus

Schon seit 20 Jahren wartet Penelope sehnsüchtig auf die Rückkehr ihres Mannes Odysseus. In dieser Situation schreibt sie einen Brief an den abwesenden Gatten. Dessen Ankunft steht zwar schon unmittelbar bevor – dies weiß allerdings nur der den Mythos kennende Leser, nicht Penelope (*Her.* 1,1–8; 67–76; 81–84; 115f.).

W Stellen Sie aus dem Text alle Begriffe und Formulierungen aus dem Sachfeld „Gefühle und Gefühlsäußerungen" zusammen.

G Irrealis der Gegenwart und der Vergangenheit
Übersetzen Sie: *Si adulter interfectus esset, ego non quererer.*

T Recherchieren Sie zum trojanischen Krieg und speziell zum Schicksal des Odysseus während des Krieges und danach.

---

13 Haec tua Penelope lento tibi mittit, Ulixe.	**nīl attinet** (+ Konj.): es ist nicht wichtig, dass
Nil mihi rescribas attinet: ipse veni!	**Danaus:** griechisch
Troia iacet certe Danais invisa puellis;	
vix Priamus tanti totaque Troia fuit.	**tantī esse:** so viel wert sein
5 O utinam tum, cum Lacedaemona classe petebat,	
obrutus insanis esset adulter aquis!	**obruere (obrutus)** *hier:* vernichten
Non ego deserto iacuissem frigida lecto,	**īnsānus** *hier:* tosend – **adulter:** LW3
nec quererer tardos ire relicta dies. (…)	**frīgidus:** kalt – **lectus:** LW4
Utilius starent etiamnunc moenia Phoebi	*K.* utilius (esset), (si) starent
10 (irascor votis, heu, levis ipsa meis!),	**etiamnunc:** auch jetzt noch
scirem, ubi pugnares, et tantum bella timerem	**vōtum:** LW10 – **levis:** LW1
et mea cum multis iuncta querela foret.	**querēla:** Klage – **foret** = esset
Quid timeam, ignoro – timeo tamen omnia demens,	**dēmēns:** wahnsinnig
et patet in curas area lata meas.	**patēre:** offen stehen – **cūra:** LW3
15 Quaecumque aequor habet, quaecumque pericula tellus,	**lātus:** weit – **quaecumque:** was auch immer – **aequor:** Meer
tam longae causas suspicor esse morae.	**suspicārī:** vermuten
Haec ego dum stulte metuo, quae vestra libido est,	**metuere:** LW2
esse peregrino captus amore potes. (…)	**perēgrīnus:** ausländisch
Me pater Icarius viduo discedere lecto	**viduus:** verwitwet
20 cogit et immensas increpat usque moras.	**lectus:** LW4
Increpet usque licet – tua sum, tua dicar oportet;	**increpāre:** tadeln – **ūsque:** ununterbrochen – **licet** (+ Konj.): mag er auch – *K.* oportet, (ut) dicar
Penelope coniunx semper Ulixis ero. (…)	
Certe ego, quae fueram te discedente puella,	**discēdere:** weggehen
protinus ut venias, facta videbor anus.	**anus, ūs** f: Greisin

◇◇ 1. Penelope schwankt zwischen Faktenschilderung und unerfüllbaren Wünschen hin und her. Weisen Sie das grammatisch und sprachlich am Text nach.

◇◇ 2. Prüfen Sie anhand Ihrer Kenntnisse über das Schicksal des Odysseus (→ T), inwiefern Penelopes Befürchtung, die sie in V. 17f. äußert, berechtigt ist.

◇◇ 3. Weisen Sie in diesem Brief typische Motive der Liebeselegie und deren Verfremdung nach. Gehen Sie dabei der Frage nach, inwiefern Penelope dem *puella*-Konzept der Liebeselegie entspricht.

◇◇ 4. Informieren Sie sich über das römische Ideal der *univira* (→ i) und weisen Sie dieses am Text nach.

◇◇ 5. Arbeiten Sie aus den Grabinschriften (→ M) weitere weibliche Tugenden heraus und überprüfen Sie, inwiefern Penelope als mythisches Vorbild dieser Ehefrauen gesehen werden kann. Beziehen Sie auch die Abbildung mit ein.

⟨i⟩ Ideal der *univira*

„In der Zeit der frühen und klassischen römischen Republik bezeichnete *univira* eine Frau, die ihr Leben als Gattin eines einzigen Mannes verbracht hatte, mit ihm in *manus*-Ehe lebte, von hohem sozialen Status war und den führenden Schichten der Republik angehörte. Als *univira* entsprach sie dem Ideal der römischen *matrona*. (...) *Univira* als Tugendbezeichnung einer Frau wurde zum Topos auf Grabinschriften von Frauen."
(A. Mette-Dittmann, Die Ehegesetze des Augustus, 1991, S. 183)

M Grabinschriften römischer Frauen

Incomparabilis coniunx, mater bona, avia piissima, pudica, religiosa, laboriosa, frugi, efficax, vigilans, sollicita, univira, unicuba, totius industriae et fidei matrona.
Inscriptiones Latinae selectae (DE) 8444 (Thelepete, Numidie)

Hic sita est Amymone Marci optima et pulcherrima, lanifica, pia, pudica, frugi, casta, domiseda.
Corpus inscriptionum Latinarum (CIL) VI 11 602

Jacopo d'Andrea (1819–1906):
Penelope am Webstuhl,
Accademia di Belle Arti, Venedig

5.2 Briseis an Achill

Während des trojanischen Krieges wird Briseis, Sklavin und Geliebte Achills, vom griechischen Heerführer Agamemnon beansprucht. Zu Beginn der Briefsituation hat eine Gesandtschaft Briseis bereits abgeholt. Zornig darüber bleibt Achill dem Kampf fern und droht sogar ganz abzureisen. Angesichts dieser Entwicklung schreibt Briseis an Achill (*Her.* 3,61f.; 69f.; 77–86; 91f.; 97–102; 153f.).

W Führen Sie folgende englische Wörter auf ihren lateinischen Ursprung zurück: *violent, deserted, to exspect, army, to pray, service, to add.*

G Deponentien
Erklären Sie die Besonderheit von Deponentien und übersetzen Sie die im Text unterstrichenen Formen.

T Recherchieren Sie zu Agamemnon, Hector und Meleager.

---

14 Ibis et (o miseram!) cui me, violente, relinquis?
  Quis mihi desertae mite levamen erit? (…)
 Victorem captiva sequar, non nupta maritum;
  est mihi, quae lanas molliat, apta manus. (…)
5 Exagitet ne me tantum tua, deprecor, uxor,
  quae mihi nescio quo non erit aequa modo,
 neve meos coram scindi patiare capillos
  et leviter dicas: „Haec quoque nostra fuit."
 Vel patiare licet, dum ne contempta relinquar –
10 hic mihi (vae!) miserae concutit ossa metus!
 Quid tamen exspectas? Agamemnona paenitet irae,
  et iacet ante tuos Graecia maesta pedes.
 Vince animos iramque tuam, qui cetera vincis!
  quid lacerat Danaas impiger Hector opes? (…)
15 Nec tibi turpe puta precibus succumbere nostris;
  coniugis Oenides versus in arma prece est. (…)
 Sola virum coniunx flexit. Felicior illa!
  At mea (pro!) nullo pondere verba cadunt.
 Nec tamen indignor nec me pro coniuge gessi
20 saepius in domini serva vocata torum.
 Me quaedam, memini, dominam captiva vocabat.
  „Servitio," dixi, „nominis addis onus." (…)
 Me modo, sive paras impellere remige classem,
  sive manes, domini iure venire iube!

violentus: LW1 – **relinquere** *hier:* überlassen – **dēsertus:** LW13 – **mītis:** LW7 – **levāmen:** Trost
captīvus: LW2 – **lāna:** Wolle
mollīre: fein spinnen – **aptus:** LW1

exagitāre: quälen – **dēprecārī:** inständig um etw. bitten – **nescio quō modō:** irgendwie
cōram *hier:* in deiner Gegenwart
scindere: ausreißen – **patiāre** = patiaris – **patī:** LW3 – **capillus:** Haar
levis: LW1 – **contemnere:** LW7
concutere: erzittern lassen

Agamemnona paenitet (+ Gen.): Agamemnon bedauert

animus *hier:* Emotion

lacerāre: zerfleischen – **Danaus:** griechisch – **impiger:** unermüdlich
turpis: LW4 – **precēs:** LW3 – **succumbere** *hier:* nachgeben – **in arma vertī (versus):** sich für den Kampf entscheiden
nūllō pondere cadere *hier:* ohne Gewicht sein – **indīgnārī:** entrüstet sein – **sē gerere prō:** sich benehmen wie – **torus:** Schlafgemach

servitium: Sklavendienst – **modo:** LW2 – **sīve … sīve:** sei es, dass … sei es, dass – **rēmex, igis** m: Ruder
classis: LW13

◇◇ 1. Charakterisieren Sie die Sprecherin und ihr Sprechverhalten.

◇◇ 2. Nehmen Sie dazu Stellung, inwiefern es berechtigt ist, die Heroidenbriefe als elegisch (von gr. *elegein*: klagen) zu bezeichnen.

◇◇ 3. Weisen Sie an diesem Brief das für die Liebeselegie typische *servitium-amoris*-Motiv nach und erläutern Sie, inwiefern in diesem Zusammenhang die Begriffe *servitium*, *dominus* und *serva* einen doppelten Sinn erhalten.

◇◇ 4. „Der Adressat wird nicht als der Mensch gesehen, als den ihn der Mythos darzustellen pflegt, sondern es wird von ihm ganz selbstverständlich das Verhalten eines elegisch Liebenden erwartet." (Holzberg 1998, S. 87) Nehmen Sie dazu Stellung, inwiefern sich diese allgemeine Aussage über die Heroidenbriefe auch auf das vorliegende Textbeispiel beziehen lässt.

◇◇ 5. Vergleichen Sie Briseis' Achill mit dem Bild, das Christa Wolf in ihrem Roman die Ich-Erzählerin Kassandra von Achill zeichnen lässt. Recherchieren Sie weitere Achill-Rezeptionen in Text und Film.

M Kassandra über Achill

Dann kam Achill das Vieh. Des Mörders Eintritt in den Tempel, der, als er im Eingang stand, verdunkelt wurde. Was wollte dieser Mensch. Was suchte er bewaffnet hier im Tempel. Gräßlichster Augenblick: Ich wußte es schon. Dann lachte er. Jedes Haar auf meinem Kopf stand mir zu Berge, und in die Augen meines Bruders trat der reine Schrecken. Ich warf mich über ihn und wurde weggeschoben wie ein Ding aus Nichts. Wie näherte sich dieser Feind dem Bruder. Als Mörder? Als Verführer? Ja gab es das denn: Mörderlust und Liebeslust in einem Mann? Durfte unter Menschen das geduldet werden? Des Opfers starrer Blick. Das tänzelnde Herannahn des Verfolgers, den ich jetzt von hinten sah, ein geiles Vieh. Das Troilos, den Knaben, bei den Schultern nahm, das ihn streichelte – den Wehrlosen, dem ich Unglückselige den Panzer abgenommen hatte! – ihn befingerte. Lachend, alles lachend. Ihm an den Hals griff. An die Kehle ging. Die plumpe kurzfingrige haarige Hand an des Bruders Kehle. Pressend, pressend. Ich an des Mörders Arm gehängt, an dem die Adernstränge vortraten wie Schnüre. Des Bruders Augen aus den Höhlen quellend. Und in Achills Gesicht die Lust. Die nackte gräßliche männliche Lust. Wenn es das gibt, ist alles möglich. Es war totenstill. Ich wurde abgeschüttelt, spürte nichts. Nun hob der Feind, das Monstrum, im Anblick der Apollon-Statue sein Schwert und trennte meines Bruders Kopf vom Rumpf. Nun schoß das Menschenblut auf den Altar, wie sonst Blut aus den Rümpfen unserer Opfertiere. Das Opfer Troilos. Der Schlächter, schauerlich und lustvoll heulend, floh. Achill das Vieh. Ich fühllos lange Zeit.

(Christa Wolf: Kassandra, München: dtv [5]1997, S. 78f.)

5.3 Phädra an Hippolytus

Phädra, zweite Gattin des Theseus, verliebt sich in dessen Sohn Hippolytus und versucht, ihn für sich zu gewinnen (*Her.* 4,9-20; 137-142; 153-156).

W Stellen Sie elegisches Vokabular aus diesem Brief zusammen.

T Stellen Sie Phädras Aussagen über Amor / *amor* zusammen und nehmen Sie eine erste Bewertung ihrer Art von Liebe vor.

G Gerundivum + *esse* • Dativus auctoris

Übersetzen Sie: *Ianua aperienda est. Custos tibi decipiendus est.*

Nehmen Sie zur Bestimmung der Kasus eine metrische Analyse von Vers 9 vor (→ S. 48).

---

15 Qua licet et sequitur, pudor est miscendus amori;
    dicere quae puduit, scribere iussit Amor.
Quidquid Amor iussit, non est contemnere tutum;
    regnat et in dominos ius habet ille deos.
5 Ille mihi primo dubitanti scribere dixit:
    „Scribe! Dabit victas ferreus ille manus."
Adsit et, ut nostras avido fovet igne medullas,
    figat sic animos in mea vota tuos!
Non ego nequitia socialia foedera rumpam;
10   fama (velim quaeras) crimine nostra vacat.
Venit amor gravius, quo serius – urimur intus;
    urimur, et caecum pectora vulnus habent. (...)
Nec labor est celare, licet peccemus, amorem.
    Cognato poterit nomine culpa tegi.
15 Viderit amplexos aliquis, laudabimur ambo;
    dicar privigno fida noverca meo.
Non tibi per tenebras duri reseranda mariti
    ianua, non custos decipiendus erit. (...)
Tolle moras tantum properataque foedera iunge –
20   qui mihi nunc saevit, sic tibi parcat Amor! (...)
Victa precor genibusque tuis regalia tendo
    bracchia! Quid deceat, non videt ullus amans.
Depudui, profugusque pudor sua signa reliquit.
    Da veniam fassae duraque corda doma!

quā: wo – **sequī** *hier:* sich ergeben – **pudor:** LW2 – **pudet:** LW9 – **contemnere:** LW7 – **tūtum non est** *hier:* es ist riskant – **dominus** *hier:* Gebieter – **iūs habēre in** (+ Akk.): Macht besitzen über jd. – **ferreus:** der Eiserne (gemeint ist Hippolytus) – **adesse** *hier:* beistehen – **fovēre:** erhitzen – **medulla:** das Innerste – **in** *hier:* für – **vōtum:** LW10 – **nēquitia:** LW10 – **sociālis, e:** ehelich – **velim** (+ Konj.): bitte – *K.* (eo) gravius, quo serius – **(eō) ... quō** (+ Komp.): desto ..., je – **crīmen:** LW3 – **gravis:** LW1 – **sērus:** spät – **ūrere:** LW1 – **intus:** im Inneren – **caecus** *hier:* geheim – **pectus:** LW1 – **vulnus:** LW2 – **labor:** Mühe – **cēlāre:** geheim halten – **peccāre:** sündigen – **cognātō nōmine:** unter dem Deckmantel der Verwandtschaft – **amplexus (amplectī):** LW8 – **prīvīgnus:** Stiefsohn – **noverca:** Stiefmutter – **reserāre:** entriegeln – **iānua:** LW6 – **dēcipere:** täuschen – **mora:** LW13 – **tantum:** LW3 – **foedera iungere** *hier:* ein Verhältnis eingehen – **parcere:** LW10 – **precārī:** LW3 – **genū, ūs** n: Knie – **rēgālis, e:** königlich – **bracchium:** LW2 – **vidēre** *hier:* auf etw. achten, sich um etw. kümmern – **dēpudēre:** seine Scham ablegen – **sua sīgna relinquere (relīquī):** desertieren, fahnenflüchtig werden – **pudor:** LW2 – **fatērī (fassus):** gestehen – **cor, cordis** n: Herz – **domāre** *hier:* erweichen

1. Charakterisieren Sie das Sprechverhalten und die Intention Phädras und vergleichen Sie diese mit den vom elegischen System zugewiesenen Rollen von Mann und Frau.

2. Phädra stellt Hippolytus einerseits eine mögliche Zukunft vor Augen und gibt andererseits Hinweise und Handlungsanweisungen. Belegen Sie dies durch drei unterschiedliche sprachliche Signale in den Versen 15–20.

3. Benennen Sie das stilistische Mittel in V. 23 und erläutern Sie seine Wirkungsabsicht (→ S. 54f.).

4. Analysieren Sie die Übersetzung der Verse 21–24 (→ M), indem Sie sie mit dem Originaltext vergleichen (→ i, S. 27).

5. Schreiben Sie einen möglichen Antwortbrief des Hippolytus, der seinem vom Mythos vorgegebenen Charakter gerecht wird.

6. Recherchieren Sie die näheren Hintergründe sowie den Ausgang der tragischen Liebe Phädras zu ihrem Stiefsohn und erläutern Sie anschließend die – symbolisch aufgeladenen (→ i) – Bildelemente.

M *Heroides* 4,153–156

Ich bin besiegt, strecke flehend die fürstlichen Arme zu deinen
Knien hin. Was sich ziemt, achtet ein Liebender nicht.
Schamlos die Scham – die Scham hat mich fahnenflüchtig verlassen.
Mein Geständnis verzeih! Zähme dein hartes Gemüt!
(Übersetzung: B. W. Häuptli)

i Bildinterpretation

Ein Maler kann den Betrachter nicht mithilfe eines Textes über die dargestellten Personen und Handlungen informieren. Er nutzt andere Mittel. Dazu zählen die Körpersprache (also Mimik, Gestik, Blickrichtung), die Figurenanordnung, die Farbgebung oder die Platzierung von Attributen mit versteckter Symbolik. Auf diese Weise kann mitunter in einem Bild der komplette Handlungsverlauf „erzählt" werden (sog. episches Bild).

Pierre Narcisse Guérin (1774–1833): Phädra und Hippolytus, Musée des Beaux-Arts, Bordeaux

5.4 Dido an Äneas

Dido hat sich sehr in den trojanischen Flüchtling Äneas verliebt, der wegen eines Seesturmes in Karthago gelandet war. Auf Geheiß Jupiters muss dieser jedoch Dido verlassen und seinen Weg nach Italien fortsetzen, um dort eine neue Heimat zu finden. Heimlich hat er seine Abreise vorbereitet und seine Schiffe startklar gemacht. In dieser Situation schreibt Dido, zum Selbstmord bereit, an Äneas (*Her.* 7,29–34; 73–84; 133–140).

W Stellen Sie aus dem Text alle Vokabeln zusammen, die sich auf das Wortfeld „Tod" beziehen.

T Stellen Sie Informationen zu den im Text vorkommenden Eigennamen zusammen und klären Sie ihre Bedeutung für die Äneas-Handlung.

16 Non tamen Aenean, quamvis male cogitat, odi,
     sed queror infidum questaque peius amo.
Parce, Venus, nurui, durumque amplectere fratrem,
     frater Amor; castris militet ille tuis!
5 Aut ego quem coepi – neque enim dedignor – amare,
     materiam curae praebeat ille meae. (...)
Da breve saevitiae spatium pelagique tuaeque:
     grande morae pretium tuta futura via est.
Nec mihi tu curae; puero parcatur Iulo!
10   Te satis est titulum mortis habere meae.
Quid puer Ascanius, quid di meruere Penates?
     Ignibus ereptos obruet unda deos?
Sed neque fers tecum, nec, quae mihi, perfide, iactas,
     presserunt umeros sacra paterque tuos.
15 Omnia mentiris; neque enim tua fallere lingua
     incipit a nobis primaque plector ego:
Si quaeras, ubi sit formosi mater Iuli –
     occidit a duro sola relicta viro! (...)
Forsitan et gravidam Didon, scelerate, relinquas
20   parsque tui lateat corpore clausa meo.
Accedet fatis matris miserabilis infans
     et nondum nato funeris auctor eris.
Cumque parente sua frater morietur Iuli,
     poenaque conexos auferet una duos.
25 „Sed iubet ire deus." Vellem, vetuisset adire
     Punica nec Teucris pressa fuisset humus!

male cōgitāre *hier:* Schlimmes im Sinn haben – **querī:** LW13

parcere: LW10 – **nurus, ūs** f: Schwiegertochter – **amplectere** = amplecteris – **amplectī:** LW8
castra: LW2 – **mīlitāre:** LW4 – **incipere (coepī):** LW6 – *K.* Aut ille, quem ego ... amare coepi – **dēdīgnārī:** verschmähen – **māteria:** LW1 – **cūra:** LW3 – **dā breve spatium** *hier:* gewähre eine kurze Pause – **mora:** LW13 – *K.* Nec mihi tu curae (es)

quid meruēre *hier:* wessen haben sich schuldig gemacht – **obruere:** überschütten – *K.* neque (eos) tecum fers – **iactāre:** prahlen
umerus: LW5 – **sacra, ōrum** n Pl.: die heiligen Kultgeräte

incipere: LW6 – **ā nōbīs** *hier:* bei mir – **plectī:** büßen – **fōrmōsus:** LW4

occidere *hier:* umkommen

forsitan: vielleicht – **gravidus:** schwanger – **Dīdon:** griech. Akk. (→ S. 7)
accēdere (m. Dat.) *hier:* etw. teilen
infans: kleines Kind – **nōndum nātus** *hier:* ungeborenes Kind
parēns, ntis m/f *hier:* Mutter
poena: Strafe – **auferre** *hier:* dahinraffen

Pūnicus: karthagisch – **Teucer:** Trojaner – **humus:** LW9

◊◊ 1. Stellen Sie dar, mit welchen inhaltlichen und stilistischen Mitteln Dido versucht, Äneas in ihrem Sinne zu beeinflussen. Belegen Sie Ihre Aussagen mit Zitaten aus dem Text.

◊◊ 2. Arbeiten Sie heraus, welches Charakterbild Dido von Äneas entwirft.

◊◊ 3. Informieren Sie sich über den *pius Aeneas* in Vergils *Aeneis* (→ i) und vergleichen Sie das in Vergils Epos gezeichnete Bild von Äneas mit dem Bild, das Ovid Dido entwerfen lässt.

◊◊ 4. Nehmen Sie anschließend Stellung zu der These des Latinisten Glei, die Dekonstruktion der *Aeneis* sei ein wesentliches Element ovidischer Poetik; Ovids Schaffen sei damit im Kern anti-augusteisch.

◊◊ 5. Lassen Sie Äneas zu den Vorwürfen Didos im Sinne Vergils Stellung nehmen und verfassen Sie einen Antwortbrief.

ⓘ *Pius Aeneas* in Vergils *Aeneis*

Vergils *Aeneis*, der Bezugstext für Ovid, avancierte noch zu Lebzeiten Vergils zu dem staatstragenden Epos schlechthin. Zwar wird Augustus namentlich nur an drei Stellen erwähnt, aber schon zu Beginn des Epos wird er als Nachfahre des Äneas hervorgehoben. Demzufolge ist Äneas bei Vergil äußerst positiv gezeichnet. Wesentliches Charakteristikum ist seine *pietas*. Dieser römische Wertbegriff wurde insbesondere unter Augustus im Rahmen seines Restaurationsprogrammes reaktiviert und drückt die Frömmigkeit gegenüber Göttern, das Pflichtbewusstsein gegenüber der Familie und die Verantwortung dem Vaterland gegenüber aus. Als *pius* ordnet Äneas seinen eigenen Willen dem Willen der Götter unter, der besagt, dass Äneas in Italien ein neues Troja gründen soll. Als Endziel dieser Entwicklung steht die Friedensherrschaft des Augustus, die in Vergils Epos als eine gottgewollte Bestimmung interpretiert wird.

Federico Barocci (um 1526–1612): Äneas flieht aus dem brennenden Troja, Galleria Borghese, Rom

5.5 Paris an Helena

Paris befindet sich als Gast in Sparta bei Helena und Menelaus. Als dieser die Stadt einmal verlassen hat, versucht Paris die günstige Gelegenheit zu nutzen, um Helena für sich zu gewinnen. Dazu schildert er zunächst ausführlich und anschaulich die Qualen und die Eifersucht, die er durchleide, wenn er sie bei Tisch beim gemeinsamen Essen mit ihrem Mann erleben müsse, und fährt dann fort (*Her.* 16,271–284; 373–378).

W Übersetzen Sie die folgenden Periphrasen und ordnen Sie die Umschreibungen den folgenden Konkretisierungen zu:
geminorum gloria fratrum (V. 3), *Iove nata* (V. 4), *verax soror* (V. 10): Helena – Castor und Pollux – Cassandra.

G Nehmen Sie zur Bestimmung der Kasus eine metrische Analyse der Verse 7, 19 und 20 vor (→ S. 48).

T Rekapitulieren Sie unter Zuhilfenahme der Abbildung die Hintergründe von Paris' Aufenthalt bei Helena und Menelaus und erklären Sie in diesem Zusammenhang die Formulierung *datum fatis amorem* (V. 11).

17 Nunc mihi nil superest nisi te, formosa, precari	**superest:** es bleibt übrig – **fōrmōsus:** LW4 – **precārī:** LW3 – **amplectī:** LW8
amplectique tuos, si patiare, pedes.	**patiāre** = patiāris – **patī:** LW3
O decus, o praesens geminorum gloria fratrum,	**geminī frātrēs:** Zwillinge – **nī** = nisi
o Iove digna viro, ni Iove nata fores,	**forēs** = essēs – **Sīgēus:** trojanisch
5 aut ego Sigeos repetam te coniuge portus	**repetere:** wieder aufsuchen – **Taenarius:** spartanisch – **contegere:**
aut hic Taenaria contegar exul humo!	begraben – **humus:** LW9 – **summa**
Non mea sunt summa leviter destricta sagitta	**sagitta:** LW1 *hier:* Pfeilspitze – **pectus:** LW1 – **dēstringere (dēstrictum):**
pectora; descendit vulnus ad ossa meum!	streifen – **vulnus:** LW2 – **os:** LW14
Hoc mihi (nam repeto) fore, ut a caeleste sagitta	*K.* caeleste: Abl. Sg. – **fīgere:** LW15
10 figar, erat verax vaticinata soror.	**vāticinārī (vāticinātus):** prophezeien
Parce datum fatis, Helene, contemnere amorem –	**parcere** (+ Inf.) *hier:* sich vor etwas hüten – **contemnere:** LW7 – **facilis, e:**
sic habeas faciles in tua vota deos!	wohlgesonnen – **vōtum:** LW10
Multa quidem subeunt; sed coram ut plura loquamur,	*K.* (mē) subeunt *hier:* mir fallen noch ein – *K.* cōram (tē) *hier:* persönlich
excipe me lecto nocte silente tuo. (...)	**lectus:** LW4
15 Nec tamen indigner pro tanta sumere ferrum	**indīgnārī** (+ Inf.): etw. für unwürdig halten – **sūmere:** LW11
coniuge; certamen praemia magna movent.	**coniunx:** LW13
Tu quoque, si de te totus contenderit orbis,	**dē tē:** um dich – **contendere** *hier:* kämpfen – **orbis:** Welt – **ab aeternā**
nomen ab aeterna posteritate feres!	**posteritāte:** bis in alle Ewigkeit
Spe modo non timida dis hinc egressa secundis	**dīs secundīs:** mit dem Beistand der Götter – *K.* (tu) egressa – **exigere:**
20 exige cum plena munera pacta fide!	fordern – **pactus:** versprochen **fidēs:** LW3

1. Gliedern Sie den Text unter Berücksichtigung inhaltlicher und sprachlich-formaler Gesichtspunkte.

2. Arbeiten Sie heraus, wie Paris versucht, Helena für sich zu gewinnen und von der Ernsthaftigkeit seiner Absichten sowie seiner Liebe zu überzeugen.

3. Arbeiten Sie aus den Versen 3f. sowie 7f. die dominierenden Laute heraus und deuten Sie die Wirkungsabsicht.

4. Weisen Sie am Text nach, dass sich Paris hier als elegisch Liebender präsentiert.

5. Analysieren Sie die Übersetzung der Verse 15–20 (→ M), indem Sie sie mit dem Originaltext vergleichen (→ i, S. 27).

6. Informieren Sie sich über die Folgen des Helena-Raubes sowie über das Lebensende des Paris und erklären Sie die Verse 9–12 unter Berücksichtigung der Ausführungen Harzers (→ i).

Hendrik van Balen (1575–1632): Das Urteil des Paris, Gemäldegalerie, Staatliche Museen zu Berlin

i Elegisches Ideal und mythologische Wirklichkeit

„Die Heroiden kennzeichnet, abgesehen von der Penelope-Epistel, eine Spannung zwischen den eskapistischen Idealen des elegischen Systems einerseits (...) und den von der Mythologie vorgegebenen, fast immer tragisch endenden (und oft auch in Tragödien überlieferten) literarischen Wirklichkeiten der Sprecherinnen andererseits (...). Darin dürfte ein wesentlicher Reiz dieser Texte bestanden haben. Denn die zeitgenössischen Leser/innen kannten aus der griechischen Literatur bereits den Ausgang der Geschichten, der den – im Rahmen ihrer mythischen Realität – ins Geschehen verwickelten Heroinen nicht präsent sein konnte." (F. Harzer: Ovid, S. 116)

M *Heroides* 16,373–378

Abgeneigt wäre ich nicht, zum Schwert zu greifen für solche Gattin. Der hohe Preis fordert den Wettkampf heraus. Und auch dir, wenn um dich die ganze Welt sich gestritten, zollt die Nachwelt Ruhm über Jahrhunderte hin. Nur keine Angst! Wenn du fort bist von hier mit Hilfe der Götter, fordre vertrauensvoll, was ich an Pflichten versprach! (Übersetzung: B. W. Häuptli)

5.6 Helena an Paris

Helena zeigt sich anfangs zwar ganz als treue Ehefrau und reagiert daher auf Paris' Ansinnen zunächst entrüstet, zeigt aber im Verlauf ihres Briefes immer wieder, dass sie seinen Wünschen nicht ganz abgeneigt und zwischen Vernunft und Gefühl hin- und hergerissen ist (*Her.* 17,3f.; 35–40; 65–70; 245–252; 267f.).

W Stellen Sie aus dem Text alle Subjunktionen zusammen und bestimmen Sie ihre semantische Funktion.

G *esse* + doppelter Dativ • NcI mit *dicitur*
Übersetzen Sie: *Credulitas puellis damno est. Verba fide carere dicuntur.*

T Weisen Sie die folgenden Themen in Helenas Brief nach, indem Sie diesen entsprechende Wörter bzw. Formulierungen zuordnen: Zweifel Helenas an der Aufrichtigkeit von Paris' Liebe, Helenas guter Ruf, Krieg als mögliche Folge der Liebe.

18 Ausus es hospitii temeratis, advena, sacris
    legitimam nuptae sollicitare fidem! (…)
  Nec tamen irascor (quis enim succenset amanti?),
    si modo, quem praefers, non simulatur amor.
5 Hoc quoque enim dubito, non quod fiducia desit
    aut mea sit facies non bene nota mihi,
  sed quia credulitas <u>damno</u> solet <u>esse</u> puellis
    verbaque dicuntur vestra carere fide. (…)
  Munera tanta quidem promittit epistula dives,
10   ut possint ipsas illa movere deas.
  Sed si iam vellem fines transire pudoris,
    tu melior culpae causa futurus eras.
  Aut ego perpetuo famam sine labe tenebo
    aut ego te potius quam tua dona sequar. (…)
15 Nec dubito, quin, te si prosequar, arma parentur.
    Ibit per gladios (ei mihi!) noster amor. (…)
  Quod bene te iactes et fortia facta loquaris,
    a verbis facies dissidet ista suis.
  Apta magis Veneri quam sunt tua corpora Marti.
20   Bella gerant fortes, tu, Pari, semper ama!
  Hectora, quem laudas, pro te pugnare iubeto;
    militia est operis altera digna tuis. (…)
  Cetera per socias Clymenen Aethramque loquamur,
    quae mihi sunt comites consiliumque duae.
	hospitium: Gastfreundschaft
	temerāre: entweihen – **advena** m: Fremdling – **sacrum** *hier:* heiliges Recht – **nupta:** LW14 – **fidēs:** LW3
	īrāscī: LW13 – **succēnsēre:** zürnen
	praeferre *hier:* zeigen
	fīdūcia: Selbstvertrauen
	faciēs: LW7
	crēdulitās: Leichtgläubigkeit
	damnum: Schaden
	fidēs: LW3
	
	mūnus: LW17 – **dīves** *hier:* vielversprechend
	
	pudor: LW2
	
	perpetuō: ununterbrochen – **lābēs, is** f: Schandfleck – **potius quam:** lieber als
	prōsequī: begleiten
	
	quod: was den Umstand betrifft, dass – **sē iactāre:** sich brüsten – **facta:** LW10 – **faciēs:** LW7 – **dissidēre ā** (+ Abl.): nicht zu etw. passen
	aptus: LW1
	
	iubētō *hier:* lass
	
	mīlitia: LW12
	opera: Mühe
	
	comitēs cōnsiliumque *hier:* Ratgeberinnen

◈ 1. Arbeiten Sie Helenas inneren Zwiespalt zwischen *ratio* und *emotio* heraus, indem Sie zusammenstellen, was für Helena gegen Paris spricht, was für ihn.

◈◈ 2. Erläutern Sie, worauf Helena mit *militia altera* (V. 22) anspielt.

◈◈ 3. Helena – Verführerin, Verführte, Spielball der Götter? Vergleichen Sie das Bild, das Homer und Vergil von Helena entwerfen (→ M 1 und M 2), mit Ovids Darstellung der Helena-Figur.

◈ 4. Die Helena-Figur wird vielfältig rezipiert. Recherchieren Sie zum Helenabild in Film und Text und bereiten Sie eine Ausstellung vor.

M 1 Helena bei Homer

Helena und Priamus betrachten vom Skäischen Tor aus das griechische Heerlager:

So sprachen sie, Priamos aber wendete sich an Helena mit folgenden Worten: „Komm her und setz dich zu mir, mein liebes Kind, damit du deinen früheren Mann sowie deine Freunde und Verwandten sehen kannst. In meinen Augen bist du unschuldig, die Götter hingegen sind schuldig, sie sind es, die mir den leidvollen Krieg gegen die Griechen gebracht haben. (...)" Ihm erwiderte Helena, die Göttliche unter den Frauen: „Ehrenwert bist du für mich, lieber Schwiegervater, und furchtbar. Doch ich wünschte, mich hätte lieber der Tod ergriffen, als ich deinem Sohn hierhin folgte, mein Ehegemach und meine Freunde verließ, mein einziges Kind und auch meine lieben Gefährtinnen. Aber so geschah es nicht; darüber versinke ich nun in Tränen."

(*Ilias* 3,161–185 m. Ausl.)

M 2 Helena in Vergils *Aeneis*

Äneas erzählt Königin Dido von seiner Begegnung mit Helena:

Sie hatte sich versteckt aus Furcht vor den Teucrern, die ihr wegen Pergamums Zerstörung feind waren, aus Furcht vor der Strafe der Danaer und dem Zorn des verlassenen Gatten, Geißel für beide, für Troja und die Heimat, und saß nun verhaßt beim Altar. Flammende Wut hat mich erfaßt; Zorn überkommt mich, Rache zu nehmen für den Sturz des Vaterlandes und ihr Verbrechen.

(*Aeneis* 2,571–576; Übersetzung: E. und G. Binder)

Diane Kruger und Orlando Bloom als Helena und Paris im Film „Troja" (2004, Regie: W. Petersen)

M 1 Plinius d. J.: Epistulae, 4,19 (Einführung)

(...) amat me, quod castitatis indicium est. Accedit his studium litterarum, quod ex mei caritate concepit. Meos libellos habet, lectitat, ediscit etiam. Qua illa sollicitudine
5 cum videor acturus, quanto cum egi gaudio afficitur! Disponit qui nuntient sibi quem assensum quos clamores excitarim, quem eventum iudicii tulerim. Eadem, si quando recito, in proximo discreta velo se-
10 det, laudesque nostras avidissimis auribus excipit. Versus quidem meos cantat etiam formatque cithara non artifice aliquo docente, sed amore qui magister est optimus. His ex causis in spem certissimam adducor,
15 perpetuam nobis maioremque in dies futuram esse concordiam. Non enim aetatem meam aut corpus, quae paulatim occidunt ac senescunt, sed gloriam diligit. Nec aliud decet tuis manibus educatam, tuis praecep-
20 tis institutam, quae nihil in contubernio tuo viderit, nisi sanctum honestumque, quae denique amare me ex tua praedicatione consueverit.

Sie liebt mich, was ein Zeichen ihrer Sittsamkeit ist. Dazu kommt noch ihr Interesse für die Literatur, das sie aus der Liebe zu mir gewonnen hat. Sie hat meine Bücher, liest sie ständig, lernt sie sogar auswendig. Welches Lampenfieber ergreift sie, wenn ich vor einer Rede zu stehen scheine, und welche Freude, wenn ich die Rede gehalten habe! Sie beauftragt Leute damit, ihr zu melden, welchen Beifall, welche Zurufe ich erregt hätte, welchen Ausgang des Prozesses ich erwirkt habe. Auch sitzt sie, wenn ich einmal eine Lesung veranstalte, in der Nähe durch einen Vorhang verdeckt und saugt mein Lob mit äußerst gierigen Ohren auf. Sie singt natürlich auch meine Verse und begleitet sie auf der Kithara ohne irgendeine Unterweisung, sondern aus Liebe, welche die beste Lehrerin ist. Aus all diesen Gründen bin ich sehr zuversichtlich, dass uns eine fortwährende und von Tag zu Tag größere Eintracht zuteil wird. Denn sie liebt nicht meine Jugend oder meinen Körper, die allmählich vergehen und alt werden, sondern meinen Ruhm. Nichts anderes gehört sich für sie, die von dir erzogen, durch deine Lehren ausgebildet wurde, die während ihres Zusammenlebens mit dir nur Anständiges und Ehrenhaftes gesehen hat und die schließlich gewöhnt ist mich aufgrund deiner Empfehlung zu lieben.
(Übersetzung: R. Dammer)

◇ 1. Informieren Sie sich über Plinius den Jüngeren und gehen Sie dabei vor allem der Frage nach, welche Ämter er bekleidete und welche gesellschaftliche Position er einnahm.

◇◇ 2. Arbeiten Sie heraus, wie Plinius den Begriff *amare* inhaltlich füllt. Stellen Sie dazu aus dem lateinischen Text Begriffe aus dem Wortfeld „Liebe/Zuneigung" zusammen und klären Sie die semantischen Nuancen.

◇◇ 3. Vergleichen Sie das Rollenverhalten von Mann und Frau, das sich in der Beziehung von Plinius und seiner Frau zeigt, mit dem des elegischen Systems.

M 2 Johann Wolfgang Goethe: Römische Elegien, III.

Laß dich, Geliebte, nicht reun, daß du mir so schnell dich ergeben!
　　Glaub' es, ich denke nicht frech, denke nicht niedrig von dir.
Vielfach wirken die Pfeile des Amor: einige ritzen,
　　Und vom schleichenden Gift kranket auf Jahre das Herz.
5　Aber mächtig befiedert, mit frisch geschliffener Schärfe
　　Dringen die andern ins Mark, zünden behende das Blut.
In der heroischen Zeit, da Götter und Göttinnen liebten,
　　Folgte Begierde dem Blick, folgte Genuß der Begier.
Glaubst du, es habe sich lange die Göttin der Liebe besonnen,
10　Als im Idäischen Hain einst ihr Anchises gefiel?
Hätte Luna gesäumt, den schönen Schläfer zu küssen,
　　O, so hätt' ihn geschwind, neidend, Aurora geweckt.
Hero erblickte Leandern am lauten Fest, und behende
　　Stürzte der Liebende sich heiß in die nächtliche Flut.
15　Rhea Silvia wandelt, die fürstliche Jungfrau, der Tiber
　　Wasser zu schöpfen, hinab, und sie ergreifet der Gott.
So erzeugte sich Mars zwei Söhne! – die Zwillinge tränket
　　Eine Wölfin, und Rom nennt sich die Fürstin der Welt.

◇ 4. Informieren Sie sich über die Entstehung der *Römischen Elegien* und das Konzept der sog. „Weimarer Klassik".

◇◇ 5. Zeigen Sie, inwiefern in diesem Text die griechisch-römische Antike „rezipiert" wird, indem Sie inhaltliche, motivische und formale Übereinstimmungen mit Ovids *Amores* herausarbeiten.

M 3 Erich Fried: Was es ist (1983)

Es ist Unsinn	Es ist Unglück	Es ist lächerlich
sagt die Vernunft	sagt die Berechnung	sagt der Stolz
Es ist was es ist	Es ist nichts als Schmerz	Es ist leichtsinnig
sagt die Liebe	sagt die Angst	sagt die Vorsicht
	Es ist aussichtslos	Es ist unmöglich
	sagt die Einsicht	sagt die Erfahrung
	Es ist was es ist	Es ist was es ist
	sagt die Liebe	sagt die Liebe

◇◇ 6. Arbeiten Sie heraus, wie „Liebe" in Erich Frieds Gedicht definiert wird.

◇◇ 7. Beurteilen Sie, welcher der drei Texte der Liebeskonzeption der *Amores* am nächsten kommt und welcher sich am stärksten von ihr unterscheidet.

◇ 8. Bereiten Sie mithilfe weiterer Textzeugnisse, Bilder etc. eine Präsentation zum Thema „Facetten der Liebe" vor.

„Lineares Dekodieren"

Bei langen Sätzen besteht das erste Problem meist darin, einen Überblick über den Satz zu erhalten. Hier ist das lineare Dekodieren geeignet. Man versucht, alle Verbalinformationen (Prädikate, Partizipien) und Konnektoren eines Textes linear (d.h. in der Reihenfolge des Textes) zu entschlüsseln. Die Verbalinformationen geben die Handlung, die Konnektoren die logische und syntaktische Struktur eines Satzes wieder. Um den Textablauf überblicken zu können, wird der Aufbau des Satzes anschließend veranschaulicht. Dazu werden

1. Verbalinformationen untereinander geschrieben; jede Verbalform erhält eine Zeile,
2. alle Konnektoren und alle Handlungsträger markiert,
3. Nebensätze nach rechts eingerückt,
4. schon erkannte Satzglieder markiert.

Danach werden die Informationen ungeachtet ihrer grammatischen Konstruktion in der Reihenfolge des Textes ins Deutsche übertragen. Erst abschließend erfolgt eine ausgefeilte Übersetzung.

Konstruktionsmethode („Abfragen")

Die Konstruktionsmethode grenzt zunächst Haupt- von Nebensätzen ab; dann ermittelt sie durch Analyse der Kasusendungen den jeweiligen Satzkern (Prädikat, Subjekt, Objekte des Hauptsatzes) und bestimmt dann, ausgehend davon, die restlichen Wörter. Der Vorteil der Konstruktionsmethode ist, dass sie bei jedem Satz anwendbar ist und gerade bei grammatisch schwierigen und komplexen Perioden systematisch den Satzbau durchschauen hilft.

Drei-Schritt-Methode („Pendelmethode")

Die Drei-Schritt- oder Pendelmethode macht sich den Umstand zunutze, dass die freie Wortstellung im Deutschen eine weitgehende Nachahmung der lateinischen Wortstellung ermöglicht. Zunächst wird der Text in Wortblöcke eingeteilt. Dann beginnt man mit der Erschließung des Hauptsatzes: Im ersten Schritt wird nur der erste Wortblock übersetzt. Im zweiten Schritt pendelt man zum Prädikat des lateinischen Satzes, das meistens am Ende steht, und fügt es an der zweiten Stelle des deutschen Hauptsatzes ein. Im dritten Schritt werden die fehlenden Wörter bzw. Wortblöcke übersetzt, möglichst in der Reihenfolge des lateinischen Textes.

Satzübergreifende Texterschließung („Transphrastik")

Die satzübergreifende Texterschließung empfiehlt sich, um ein erstes Vorverständnis des gesamten Textabschnittes zu gewinnen. Strukturelemente eines Textes, die zur Vorerschließung genutzt werden können, sind u. a.:

Schlüsselwörter / dominierende Wort- und Sachfelder: Mehrfach auftauchende Begriffe (Schlüsselwörter) bzw. eine Häufung von Wörtern aus der gleichen Wortfamilie (Wortfeld) bzw. von ähnlichem Sinn (Sachfeld) zeigen das Thema eines Textes an.

Tempusprofil: Aus dem Wechsel des Tempus (Tempusprofil) lassen sich oft Informationen über den Inhalt gewinnen, da die lateinischen Tempora bestimmte Funktionen haben: Die eigentliche Handlung wird im Perfekt erzählt. Im Imperfekt und Plusquamperfekt werden meist Hintergrundinformationen (Vorgeschichte, Landschaftsbeschreibung) gegeben. Das Präsens drückt zeitlos gültige Erkenntnisse und beliebig oft wiederholbare Vorgänge aus. Es wird aber auch gebraucht, um die Spannung zu steigern (historisches Präsens).

Konnektoren: Satzverbindungen (Konnektoren) dienen der logischen Verknüpfung von Textinhalten, weil sie eine Handlung zeitlich gliedern, Folgen darstellen, Begründungen anführen oder Gegensätze herausarbeiten. Anhand von Konjunktionen (z. B. *et, etiam, -que, neque, sed, at, tamen, nam, enim, itaque*), Subjunktionen (z. B. *cum, ut, ne, quia, quod*), Adverbien (z. B. *primo, tum, cras, hodie*) und auch Interjektionen (Ausrufe, z. B. *ecce, heu*) lassen sich deshalb Hinweise auf die Handlungsstruktur eines Textes gewinnen.

Handlungsträger und Handlungen: Das wesentliche Strukturelement von Texten stellt der Wechsel der Handlungsträger (Subjekte) dar. Aus ihnen, ihren Handlungen (Prädikaten) und deren jeweiligen Objekten lässt sich der grobe Handlungsverlauf erschließen.

1. Versbau und Versarten

Die römischen Dichter beachteten beim Bau ihrer Verse strenge Regeln. Es gibt verschiedene Versformen, die durch eine bestimmte Abfolge von langen (–) und kurzen (∪) Silben definiert sind.

Der Hexameter (gr. „Sechsmaß") besteht aus sechs Versfüßen. Bei den Versfüßen 1–4 hat der Dichter die Auswahl zwischen Daktylus (–∪∪) und Spondeus (– –), Versfuß 5 ist meistens ein Daktylus, Versfuß 6 besteht aus zwei Silben (–∪ oder – –). Die letzte Silbe, *syllaba anceps*, ist lang (–) oder kurz (∪).

Der Pentameter (gr. „Fünfmaß") besteht aus zwei Halbversen von der Grundform –∪∪–∪∪–. Nur im ersten Halbvers können die Daktylen durch Spondeen ersetzt werden. Der Vers wird durch eine Zäsur (|||) in zwei Hälften geteilt.

Ovids *Amores* und *Heroides* sind im elegischen Distichon verfasst, in dem sich Hexameter und Pentameter abwechseln.

Hexameter:

$$–∪∪\,|\,–∪∪\,|\,–∪∪\,|\,–∪∪\,|\,–∪∪\,|\,–∪$$
$$\quad 1 \qquad 2 \qquad 3 \qquad 4 \qquad 5 \qquad 6$$

Pentameter:

$$–∪∪\,|\,–∪∪\,|\,–\,||\,–∪∪\,|\,–∪∪\,|\,∪$$
$$\quad 1 \qquad 2 \qquad 3 \qquad\quad 4 \qquad 5$$

Um die Verse zu analysieren, können Sie in folgenden Schritten vorgehen:

1. Schreiben Sie diejenigen Längen und Kürzen über die Silben, die feststehen. Für die letzte Silbe jedes Verses können Sie zur Erleichterung ein x verwenden. Grenzen Sie die bereits vollständigen Versfüße voneinander ab.

2. Bestimmen Sie die sog. Positionslängen, das sind Vokale, auf die zwei oder mehr Konsonanten folgen. Ausnahme: Ist der erste Konsonant ein b, d, g, p, t oder c und der zweite ein l, m, n oder r, kann die Silbe lang oder kurz sein.

3. Beachten Sie die folgenden Zusatzregeln:
   a) Diphthonge (gr. „Doppellaute", z. B. ae, oe, ai) sind immer lang.
   b) Ein Vokal, der innerhalb eines Wortes unmittelbar vor einem Vokal steht, ist kurz.
   c) Treffen Vokal (+ m) am Wortende und (h +) Vokal am Wortanfang aufeinander, werden die Silben zusammengezogen: z. B. *flammaqu(e) in* (Elision, lat. „Ausstoßung") oder *ratio (e)st* (Aphärese, gr. „Wegfall", nur bei der Verbform *est*).

4. Verteilen Sie schließlich die restlichen Längen und Kürzen, bis die Verse „aufgehen". Nutzen Sie ggf. Ihr Wissen über Naturlängen; diese sind bei allen Lernvokabeln angegeben. Bei Endungen hilft die Grammatik: z. B. -ā (Abl. Sg. a-Dekl.) oder -īs (Dat./Abl. Pl. a- und o-Dekl.).

2. Zäsuren

Der Dichter markiert Sinneinschnitte (Zäsuren), indem er Wörter oder Sätze bevorzugt nach dem fünften halben Metrum (Penthemimeres, von griechisch *pente*: fünf) enden lässt. Er kann Sinneinschnitte aber auch nach dem dritten halben Metrum (Trithemimeres, von griechisch *treis*: drei) oder nach dem siebenten halben Metrum (Hephthemimeres, von griechisch *hepta*: sieben) setzen.

3. Vortrag

Die metrische Analyse zeigt Ihnen, welche Silben Sie beim Vortrag lang, welche Sie kurz lesen müssen. Zudem zeigt sie Ihnen, wo inhaltlich-syntaktische Einschnitte (→ 2. Zäsuren) liegen, sodass Sie hier beim Vortrag kurze Pausen setzen sollten.

LW 1

gravis, e	erhaben, gewichtig
numerus	Rhythmus
violentus, a, um	gewalttätig, grausam
māteria	Stoff, Inhalt
convenīre, conveniō, convēnī, conventum	passen, geeignet sein für
modus	metrische Form, Rhythmus
īnferior, ōris	der untere, der zweite
pēs, pedis m	Versfuß
carmen, inis n	Gedicht, Lied
vātēs, is m	Dichter, Seher
nimius, a, um; Adv. nimium	zu groß; allzusehr
potēns, ntis	mächtig
an	oder, ob
levis, e	leicht, wenig ernsthaft, verspielt
aptus, a, um	passend, geeignet
coma	Haar
prōtinus	sofort, unverzüglich
sagitta	Pfeil
ūrere, ūrō, ussī, ustum	in flammende Leidenschaft versetzen
vacuus, a, um	leer
pectus, oris n	Brust
surgere, surgō, surrēxī, surrēctum	anheben, beginnen
cingere, cingō, cinxī, cinctum	umkränzen, umgürten
tempus, oris n	Schläfe
myrtus, ī f	Myrte (heilige Pflanze der Venus)

LW 2

avis, is f	Vogel
recēns, entis	eben erst, frisch
modo Adv.	eben erst, kürzlich; (beim Komparativ) nur
vulnus, eris n	Wunde
captīvus, a, um	gefangen
vinculum	Fessel, Band
pudor, ōris m	Anstand, Scham, Keuschheit
castra, ōrum n Pl.	Lager, Truppen, Armee
metuere, metuō, metuī	fürchten
bracchium	Arm
blanditiae, ārum f Pl.	Schmeichelei

LW 3

precārī	bitten, flehen
tantum	nur
patī, patior, passus sum	zulassen, erdulden
precēs, um f Pl.	Bitte, Gebet
pūrus, a, um	rein, aufrichtig
fidēs, eī f	Vertrauen, Treue, Zuverlässigkeit
sanguis, inis m	Blut
uterque	beide
at	aber, jedoch
crīmen, inis n	Schande, Verbrechen, Vorwurf, Tadel
cūra	Gegenstand der Anteilnahme / des Interesses, Liebeskummer, Sehnsucht
cornū, ūs n	Horn, Geweih
adulter, eris m	Ehebrecher

LW 4

mīlitāre	Kriegsdienst leisten, Soldat sein
turpis, e	hässlich, schändlich
senex, is m	alter Mann, Greis
bellus, a, um	hübsch, schön
ambō	beide
requiēscere, requiēscō, requiēvī	schlafen
forēs, ium f Pl.	Tür
alter ... alter	der eine ... der andere
lectus	Bett
īgnāvus, a, um	träge, faul
fōrmōsus, a, um	schön

LW 5

membrum	Glied, Körperteil
torus	Bett
collum	Hals
umerus	Schulter
lacertus	Oberarm
fōrma	Form, Schönheit

LW 5 – Fortsetzung

venter, tris m	Bauch
latus, eris n	Hüfte
lassus, a, um	erschöpft

LW 6

verēri, vereor, veritus sum	fürchten, befürchten
ingenium	Talent
amātor, ōris m	Liebhaber
iānua	Tür, Türschwelle
prōdesse, prōsum, prōfuī	nützen, nützlich sein, helfen
ācta, ōrum n Pl.	Taten
incipere, incipiō, coepī, inceptum	anfangen, beginnen

LW 7

servīre	dienen, Sklave sein
mītis, e	mild, sanft
faciēs, ēī f	Gesicht, Schönheit
scīlicet	natürlich, selbstverständlich
sūmere, sūmo, sūmpsī, sūmptum	nehmen, sich aneignen
contemnere, -temnō, -tempsī, -temptum	verachten
cēnsus, ūs m	Vermögen, Steuerklasse

LW 8

amplectī, amplector, amplexus sum	umarmen
amplexus, ūs m	Umarmung
vestigium	Spur
avārus, a, um	(hab)gierig
rigidus, a, um	hart
inānis, e	vergeblich
iners, tis	ahnungslos
trepidus, a, um	furchtsam, zitternd
ferus, a, um	wild

LW 9

vitium	Fehler, Laster
(mē) pudet	es beschämt (mich)

ferre	ertragen
perferre	durchhalten, ertragen
humus f	Boden, Erde

LW 10

ōdisse, ōdī	hassen
invītus	unfreiwillig, wider Willen
nēquitia	Liederlichkeit
vōtum	Wunsch, Gebet
improbus	unverschämt, dreist, mies
facta, ōrum n Pl.	Taten
parcere, parcō, pepercī	schonen, verschonen

LW 11

tener, era, erum	zart, fein
rēs gestae	Taten
sūmere, sūmo, sūmpsī, sūmptum	nehmen
inīquus, a, um	ungerecht

LW 12

dēliciae, ārum f Pl.	Spaß, Vergnügen
mīlitia	Kriegsdienst
cultus, a, um	verehrt, lieb
superstes, itis	überlebend, übrig

LW 13

lentus, a, um	langsam, zögerlich
invīsus, a, um	verhasst, zuwider
classis, is f	Flotte
dēserere, dēserō, dēseruī, dēsertum	verlassen
querī, queror, questus sum	klagen, beklagen
tardus, a, um	langsam
īrāscī, īrāscor, īrātus sum	zürnen, zornig sein
mora	Verzögerung, Pause, Hemmung
coniunx, iugis m / f	Gatte, Gattin

LW 14

nupta	Braut
aequus, a, um	gerecht, gleich
os, ossis n	Knochen, Pl. Gebeine
opēs, um f Pl.	Truppen
onus, eris n	Last, Bürde

LW 15

avidus, a, um	gierig
fīgere, fīgō, fīxī, fīxum	durchbohren
foedus, eris n	Bündnis, Vertrag

LW 16

īnfidus, a, um	treulos
pelagus	Meer
mors, tis f	Tod
ēripere, ēripiō, ēripuī, ēreptum	entreißen
perfidus, a, um	verräterisch; Subst. Verräter
mentīrī, mentior, mentītus sum	lügen
fūnus, eris n	Begräbnis, Tod

LW 17

portus, ūs m	Hafen
exul, ulis m	Vertriebener, Flüchtling
caelestis, e	himmlisch, göttlich
ferrum	Eisen, Schwert
aeternus, a, um	ewig
ēgredī, ēgredior, ēgressus sum	hinausgehen, fortgehen
mūnus, eris n	Aufgabe, Pflicht, Gefallen, Gnade, Geschenk, Gabe

LW 18

audēre, audeō, ausus sum	wagen, riskieren
lēgitimus, a, um	rechtmäßig
carēre, careō, caruī (m. Abl.)	entbehren, nicht haben
fāma	(guter oder schlechter) Ruf, Gerücht, Gerede

Eigennamenverzeichnis

Achillēs, is	stärkster griechischer Heerführer vor Troja, hielt sich aus dem Kampf heraus, nachdem er seine Lieblingssklavin Briseis an Agamemnon abtreten musste (sog. Zornmotiv der *Ilias*)
Aenēās, ae	Sohn der Venus, Ahnherr der Römer, irrte nach Trojas Fall über die Meere, strandete u.a. in Karthago, verliebte sich dort in die Königin Dido, musste diese aber auf Geheiß der Götter verlassen, um in Italien ein neues Vaterland zu finden
Aethra, ae	Mutter des Helden Theseus, später Dienerin und Vertraute Helenas
Agamemnōn, onis	älterer Bruder des Menelaus, Heerführer vor Troja; forderte Achills Lieblingssklavin Briseis, nachdem er selbst gezwungen worden war, seine eigene Lieblingssklavin Chryseis an ihren Vater zurückzugeben
Amathūsia, ae	Beiname der Venus, abgeleitet von der Stadt Amathus mit bedeutendem Venusheiligtum
Amor, ōris	Liebesgott, Sohn der Venus

Ascanius, ī	Sohn des Äneas
Atticus, ī	Jugendfreund Ovids
Bacchus, ī	Bacchus / Dionysus, Gott des Weines und des Rausches, Schirmherr des Theaters
Brīsēis, idis	Lieblingssklavin Achills
Caesar, is	Gaius Iulius Caesar (100–44 v. Chr.), römischer Feldherr und Staatsmann; berühmtester Feldzug: der Gallische Krieg; Diktator auf Lebenszeit
Calypsō, ūs / ōnis	Meernymphe, die auf der Insel Ogygia lebte; aus Liebe hielt sie dort mehrere Jahre Odysseus gegen seinen Willen fest
Cassandra, ae	Tochter des Priamus, Schwester von Hector und Paris, Priesterin des Phoebus, bekannt für ihre Prophezeiungen, die nie Glauben finden
Catullus, ī	leidenschaftlicher Lyriker (87–ca. 54 v. Chr.), Vorreiter der subjektiv-persönlichen Dichtung, besang u.a. seine Geliebte mit dem Pseudonym Lesbia
Clymene, ae	Tochter der Aethra, Vertraute Helenas, begleitete Helena zusammen mit ihrer Mutter nach Troja
Corinna, ae	(fiktive?) Geliebte des Sprechers in den *Amores*
Cupīdō, inis	Beiname des Liebesgottes Amor, Sohn der Venus
Cytherēa, ae	Beiname der Venus, abgeleitet von der Insel Cythera, die bekannt für ihren Venuskult war; hier soll die Göttin als Schaumgeborene dem Wasser entstiegen sein
Dīdō, ūs / ōnis	Königin von Karthago, verliebte sich in Äneas, beging nach dessen Abreise Selbstmord
Eurōpa, ae	Geliebte Jupiters; dieser entführte sie in Gestalt eines Stieres
Hector, oris	Bruder des Paris, ältester Sohn des Priamus, wurde von Achill getötet
Helena, ae	Frau des Spartanerkönigs Menelaus, wurde von Paris entführt, was den Trojanischen Krieg auslöste
Hippolytus, ī	Sohn des Theseus, Verehrer der jungfräulichen Diana-Artemis, selbst Inbegriff der Keuschheit; er wurde von seiner Stiefmutter Phädra begehrt, wies diese allerdings ab
Īcarius, ī	Vater Penelopes
Īo, ūs / ōnis	Geliebte Jupiters, weswegen sie von Juno in eine Kuh verwandelt wurde
Iūlus, ī	Beiname des Ascanius

Iuppiter, Iovis	Göttervater und höchster Gott der Römer
Lacedaemōn, onis	Troja
Lāis, idis	Kurtisane des 5. Jh. v. Chr. aus Korinth, legendär wegen ihrer Schönheit und der stattlichen Anzahl ihrer Liebhaber
Lēda, ae	Geliebte Jupiters; mit ihr zeugte Jupiter in Gestalt eines Schwanes Helena und die Dioskuren (Castor und Pollux)
Lyaeus, ī	Beiname für Dionysus-Bacchus, u.a. Schirmherr des Theaters
Macer, crī	Jugendfreund Ovids und Gefährte von dessen Jugendreisen nach Kleinasien und Sizilien
Mārs, tis	Kriegsgott, hatte eine Affäre mit Venus, aus der Cupido hervorging
Meleager, grī	mythischer Bezwinger des kalydonischen Ebers, tötete im Streit die Brüder seiner Mutter
Mūsae, ārum	insgesamt neun Musen, Schutzgöttinnen der Künste
Oenīdēs, is	Nachkomme des Oineus, d.h. Meleager
Parcae, ārum	die drei Schicksalsgöttinnen, die den Lebensfaden des Menschen bestimmen
Paris, idis	Sohn des trojanischen Königs Priamus
Penātēs, ium	Penaten, römische Haus- und Schutzgötter
Pēnelopē, ēs / ae	Gattin des Odysseus, auf dessen Heimkehr sie 20 Jahre wartete
Phaedra, ae	zweite Gattin des Theseus, verliebte sich in dessen Sohn Hippolytus; weil dieser ihre Liebe jedoch nicht erwiderte, beging sie Selbstmord, bezichtigte ihren Stiefsohn vorher jedoch schriftlich der sexuellen Nachstellung; aus Zorn darüber gab Theseus später den Tod seines Sohnes in Auftrag
Phoebus, ī	„der Leuchtende": Kultname Apollos als Sonnengott
Phyllis, idis	Gestalt der griechischen Mythologie, nahm sich aus Trauer über die lange Abwesenheit ihres Geliebten Demophon das Leben
Pīerides, um	Töchter des Pierus, gemeint sind die Musen
Priamus, ī	letzter König von Troja
Semīramis, idis	Frau des Assyrerkönigs Ninus, berühmt wegen ihrer Schönheit und orientalischer Verführungskunst
Thēbae, ārum	Theben, bedeutendste Stadt in der griechischen Landschaft Böotien
Trōia, ae	Stadt im Nordwesten Kleinasiens (heute Türkei); wurde im Trojanischen Krieg nach zehnjähriger Belagerung von den Griechen erobert; Heimatstadt des Äneas

Ulixēs, is	Odysseus, griechischer Held vor Troja (u.a. Erfinder des trojanischen Pferdes), irrte nach Trojas Fall zehn Jahre über die Meere, bis er zu seiner Frau Penelope heimkehren konnte
Venus, eris	Göttin der Liebe und der Schönheit, Mutter Cupidos / Amors und des Äneas
Vergilius, ī	bekanntester Dichter Roms, schrieb unter Augustus die *Aeneis*, das Nationalepos schlechthin

Stilmittel

Auf die Definition der Stilmittel folgt – durch einen Pfeil gekennzeichnet – die Darstellung ihrer Aussagefunktionen. Diese Beschreibungen intendierter Wirkungen verstehen sich als exemplarische und verallgemeinernde Anregungen – die tatsächliche Wirkabsicht eines Stilmittels ergibt sich aus dem jeweiligen Sinnzusammenhang.

Alliteration	Wiederholung des Anlauts bei aufeinander folgenden Wörtern → Betonung durch akustischen Reiz	*Nequitiam* **fugio** – **fugientem** *forma reducit.* (T 10, V. 5)
Anapher	unveränderte Wiederholung eines Wortes bzw. einer Wortgruppe am Anfang von Sätzen oder Satzteilen → Verdeutlichung, Gedankenführung	***Ergo ego*** *sustinui ...* / ***ergo ego*** *nescio cui ...* (T 9, V. 9–11)
Antithese	wichtige Wörter oder Wortgruppen werden als Gegensatz einander gegenübergestellt → Verdeutlichung und scharfe Charakterisierung wesentlicher Begriffe bzw. Themen	*Ille fores dominae servat,* **at** *ille ducis.* (T 4, V. 8)
Apostrophe	der Autor spricht eine nicht anwesende Person oder Sache direkt an → Verlebendigung der Rede	*discite, qui sapitis, non, quae nos scimus inertes* (T 8, V. 17)
Asyndeton	unverbundene Reihung von Wörtern, Satzteilen oder ganzen Sätzen, die nur durch ein Komma getrennt aneinandergefügt werden → „Einhämmerung"	*tua sum, tua dicar oportet* (T 13, V. 21)
Chiasmus	einander entsprechende Wörter oder Wortgruppen sind in Über-Kreuz-Stellung spiegelbildlich angeordnet, oft verbunden mit einer Antithese → Betonung eines Gegensatzes durch direkte Gegenüber- bzw. Randstellung der aufeinander bezogenen Kontrastbegriffe	*Mittitur infestos alter speculator in hostes;* / *in rivale oculos alter ut hoste tenet.* (T 4, V. 11f.)

Ellipse	Auslassung eines vom Sinn her selbstverständlichen und somit leicht zu ergänzenden Wortes → Prägnanz, Tempo, Dynamik	*Ille fores dominae servat, at ille **(fores)** ducis.* (T 4, V. 8)
Enallage	Bezugsvertauschung: ein Adjektiv steht nicht bei dem Nomen, zu dem es eigentlich gehört, sondern wird entgegen der Logik auf ein anderes bezogen → Lenkung der Aufmerksamkeit durch Irritation	***ignava** Veneris in **umbra** (d.h. in umbra Veneris ignavae)* (T 11, V. 3)
Exclamatio	Ausruf → emphatische Betonung	*Me miserum!* (T 1, V. 19)
Gleichnis	ausführlicher Vergleich → Vergegenwärtigung; Verständnishilfe	*Ecce, Corinna venit ... / qualiter in thalamos famosa Semiramis isse / dicitur et multis Lais amata viris.* (T 5, V. 7-10)
Hendiadyoin ("eins durch zwei")	ein Gedanke oder Begriff wird durch zwei Elemente wiedergegeben → Verstärkung oder Betonung der Gleichrangigkeit zweier Begriffe	***custodum** manus **vigilum**que catervas* (T 4, V. 15)
Hyperbaton	grammatisch zusammengehörige Wörter sind durch einen Einschub getrennt → besondere Betonung der einrahmenden oder eingerahmten Wörter; gedankliche Klammer	*tam **longae** causas suspicor esse **morae*** (T 13, V. 16)
Hyperbel	Übertreibung → Intensivierung, Hervorhebung; oft ironisch	*Quid timeam, ignoro – timeo tamen omnia demens.* (T 13, V. 13)
Lautmalerei	Untermalung der Bedeutung durch den Wortklang	*o lo**v**e digna vi**r**o* (T 17, V. 4)
Metapher	übertragene, meist bildhafte Verwendung eines Begriffes → Veranschaulichung, Konkretisierung, Präzisierung	*Militat omnis amans, et habet sua castra Cupido.* (T 4, V. 1)
Oxymoron	"scharfsinniger Unsinn": Verbindung sich vordergründig widersprechender Begriffe zu einer (griffigen) Einheit → Verblüffung, Nachdenklichkeit	*invitus amabo* (T 10, V. 3)
Parallelismus	parallele Abfolge von Wortgruppen → Hervorhebung gegenübergestellter Begriffe, oft in linearem Gedankengang, teils antithetisch	*Facta merent odium, facies exorat amorem.* (T 10, V. 11)
Parenthese	Einschub, ohne syntaktische Verbindung mit dem Kontext → ergänzender, kommentierender Gedanke	*(o facies oculos nata tenere meos!)* (T 7, V. 12)
Paronomasie	Wortspiel, das auf einer Klangähnlichkeit beruht; Wörter mit ähnlichem Klang, aber unterschiedlicher Bedeutung → Betonung durch akustischen Reiz, meist eingängig und griffig	***Ergo ego** sustinui ... / **ergo ego** nescio cui ...* (T 9, V. 9-11)

Personi- fikation	Sachen und Begriffe werden als Personen dargestellt → Veranschaulichung, Belebung	*Mens Bona ducetur manibus post terga retortis.* (T 2, V. 13)
Polyptoton	Wiederholung desselben Wortes in anderer Flexionsform → Betonung	*Nequitiam **fugio** – **fugientem** forma reducit.* (T 10, V. 5)
Polysyndeton	Verbundene Aneinanderreihung von Gedanken → besondere Hervorhebung, Ausweitung	*Risit Amor pallam**que** meam pictos**que** cothurnos / sceptra**que**.* (T 11, V. 15f.)
Rhetorische Frage	Frage, auf die eine Antwort nicht erwartet wird, da sie vorausgesetzt ist → Einbezug des Adressaten, teils lenkend, manipulativ	*Ibis et (o miseram!) cui me, violente, relinquis?* (T 14, V. 1)
Vergleich	Gegenüberstellung zweier Gegenstände mithilfe der Vergleichspartikel „wie" (*ut*) → Veranschaulichung, Präzisierung	*In rivale oculos alter ut hoste tenet.* (T 4, V. 12)